L'ART ET LES ARTISTES

L'ART

ET LES

ARTISTES

CAUSERIES FAMILIÈRES

DU PÈRE RUSTIQUE

PAR

A. DESCUBES

Éveiller l'artiste dans l'artisan.

Discours de M. le Ministre de l'Instruction Publique aux Sociétés savantes, le 27 avril 1881.

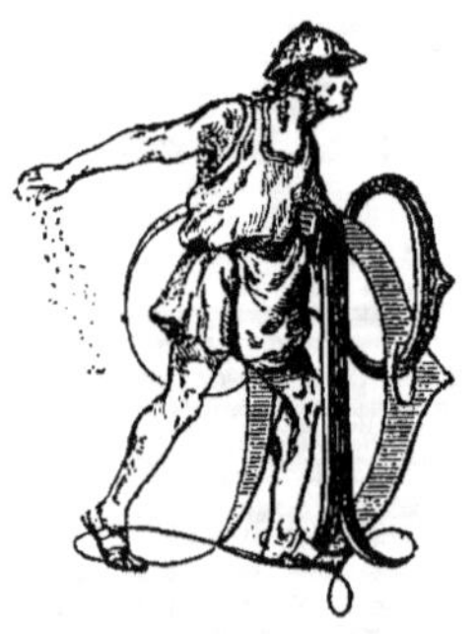

PARIS

LIBRAIRIE PAUL DELAPLANE

48, RUE MONSIEUR-LE-PRINCE

L'ART ET LES ARTISTES

CHAPITRE PREMIER

La maison de Jean Rustique.
Paul et André.

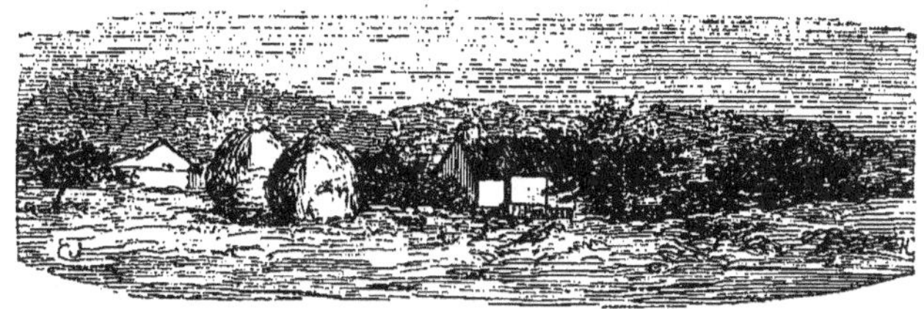

La maison du père Rustique.

Le peintre Jean Rustique habitait une maison de
paysans dans le village de Fays, tout contre la forêt
de Fontainebleau.

On entrait par une grille de bois dans une cour
pavée de pierres inégales; l'herbe y poussait par endroits, et un beau noyer, venu au hasard, l'ombra-
geait. Des poules et des canards y passaient leurs
journées, gloussant, piaulant, grattant la terre ou

barbotant dans une petite mare qu'entretenait l'eau du ciel.

La maison était basse, avec un toit de chaume si vieux que des mousses noirâtres l'avaient complètement envahi. Elle n'avait sur le devant qu'une seule fenêtre, mais grande comme quatre, plus large que haute, et formée de petits carreaux reliés par un treillage en plomb, comme on en voit dans les églises. Cette fenêtre éclairait une belle chambre carrée remplie de meubles anciens en bois de chêne, tout noirs de vieillesse, ornée d'assiettes et de plats de faïence peinte.

Des tableaux étaient accrochés un peu partout, les uns bien en vue, dans des cadres magnifiques, les autres, sans cadres, là où la clarté était moins vive. D'autres peintures s'entassaient dans les coins, debout contre les murs, ou même les unes sur les autres.

Derrière la maison, un petit jardin bien cultivé, fermé par une simple porte à claire-voie, s'étendait jusqu'à la route. De là à la forêt, il n'y avait qu'un pas.

Quand il était d'humeur à travailler, c'est-à-dire chaque jour de beau temps, Rustique poussait la porte et se rendait à son *atelier*, comme il appelait la forêt. Ces jours-là, il prenait une toile neuve, toute blanche et la rapportait couverte de peinture : cela explique comment il avait tant de tableaux dans tous les coins.

Rustique partait d'ordinaire de bon matin, et ne rentrait que quand le soleil était haut et la chaleur dans son fort. Il trouvait alors la table servie, et sa femme Madeleine, une brave ménagère de bonne humeur, devant la grande cheminée où flambait un feu clair, s'empressait de casser les œufs dans la poêle, ou de mettre un poulet à la broche.

Le repas fini, Rustique allumait sa pipe, et, bien assis dans sa large chaise de paille, tirait d'amples bouffées avec un air tranquille. Souvent aussi il prenait sa bêche ou son arrosoir, et s'en allait travailler au jardin.

C'était un homme simple, d'aspect sérieux et même un peu rude. Ses épaules trapues, ses sourcils froncés, sa barbe épaisse lui donnaient au premier abord un air rébarbatif; mais sa grosse voix avait un tel accent de franchise, ses yeux d'un bleu foncé regardaient si bien en face qu'après avoir commencé par le craindre, on ne tardait pas à l'aimer.

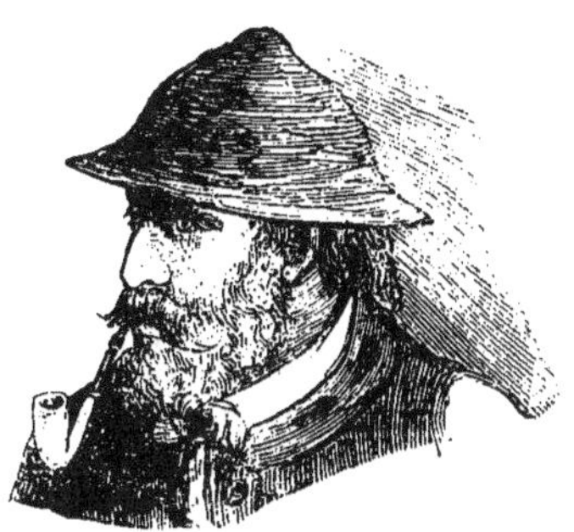

Le père Rustique.

D'habitude il parlait peu, mais il regardait toutes choses avec une attention prolongée; ceux qui ne le connaissaient pas s'étonnaient de le voir passer de longs instants à examiner le ciel où couraient les nuages chassés par le vent, ou bien la plaine où les blés mûrs s'agitaient doucement.

Un matin, comme il venait de chausser ses gros souliers, de prendre son bâton noueux et qu'il s'apprêtait à sortir, le facteur s'arrêta à sa porte et, tirant sa casquette cirée :

— Une lettre pour vous, monsieur Rustique.

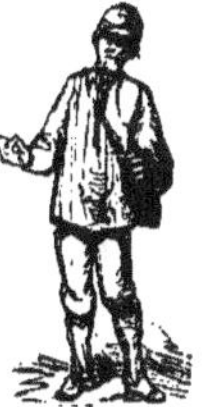

Le facteur.

— Merci, Guêtré. Les jambes sont toujours bonnes?

— Pour ça oui, monsieur Rustique, mais tout de même la tournée est longue.

— Bah! ça ouvre l'appétit.

— Pour dire vrai, ce n'est pas ce qui manque,

et la femme est bonne cuisinière. Aussi je vous donne
le bonjour, monsieur Rustique.

— Au revoir, Guêtré, et bon voyage!

Rustique déchira l'enveloppe. Quand il eut fini sâ
lecture, il fit un geste de tristesse, réfléchit un bon
moment, hocha la tête et appela sa femme d'une voix
émue :

— Madeleine, voici de mauvaises nouvelles.

La lettre ne contenait que ces quelques mots :

« Monsieur,

« J'ai le regret de vous apprendre que M. Dufresne,
« votre cousin, domicilié dans ma commune, vient de
« mourir à la suite d'une chute sans avoir repris ses
« sens. Il laisse deux fils. Comme vous êtes leur seul
« parent, je viens vous prier de me dire ce qu'il vous
« paraît convenable de faire dans une aussi triste
« circonstance.

« Agréez mes salutations,

« Le maire : ROGER. »

— Pauvres petits! s'écria Madeleine toute en
larmes et se tournant vers son mari qui songeait
silencieux :

— Que vont-ils devenir?

Sa voix tremblait en prononçant ces mots. Ils se re-
gardèrent un moment sans rien dire, puis tout d'un
coup Rustique prit son chapeau, toucha le loquet et
ouvrit la porte.

— Tu vas les chercher, n'est-ce pas? dit Madeleine.

— Puisqu'ils n'ont plus que nous!... Au demeu-
rant la maison est grande.

Et il sortit.

Le lendemain, la maison comptait deux hôtes de
plus.

Pendant de longs jours, Paul et André Dufresne
restèrent bien tristes. Ils avaient sans cesse présent

à la mémoire le souvenir de leur père dont la tendresse courageuse avait veillé sur leur enfance. Aussi ne pouvaient-ils pas toujours contenir leur peine devant Madeleine et Rustique à qui ils auraient bien voulu pourtant ne pas montrer une figure constamment assombrie.

L'excellente femme s'en désolait.

— Mon Dieu! mon Dieu! disait-elle, ça me crève le cœur de voir ces mignons avec leurs yeux rougis!

Et elle les comblait de petits soins et de caresses, jusqu'à leur porter, dès le matin, dans le lit, leur grande tasse de lait chaud bien sucré!

— Allons, mes enfants, régalez-vous. Et d'abord embrassez-moi!

— Oh! ma bonne cousine, répondaient les enfants tout confus, vous nous rendez honteux, vous nous traitez comme de vrais princes. Mais attendez!

Et vite, ils se levaient, s'habillaient en un tour de main, et offraient leurs

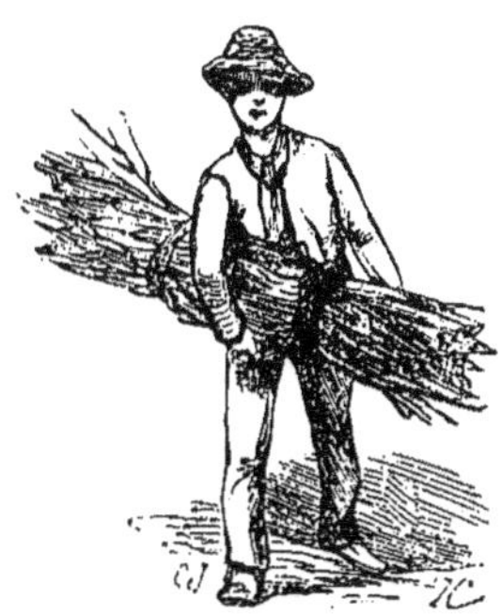

André portant son fagot.

services à l'active ménagère, Paul, solide garçon de quinze ans, allant au puits tirer de pleins seaux d'eau, et André courant à la remise pour en apporter dans ses petits bras de douze ans un énorme fagot qui traînait derrière lui.

Ainsi peu à peu leur tristesse devint moins aiguë, et tout en pensant avec attendrissement à l'excellent père qu'ils avaient perdu, ils finirent par prendre une douce habitude de la maison hospitalière qui les avait recueillis et dont ils étaient maintenant les enfants gâtés.

CHAPITRE II

Le peintre dans la forêt. — Un atelier qui ne coûte rien.

Cependant ils ne connaissaient pas encore la forêt.
Les premiers temps, tout entiers à leur chagrin et préoccupés aussi du soin de se rendre utiles, ils n'avaient pas quitté la maison. D'ailleurs Rustique, très occupé, était lui aussi resté au logis. Quant à Madeleine, elle sortait rarement, ayant assez à faire avec son ménage, ses bêtes et son jardin.

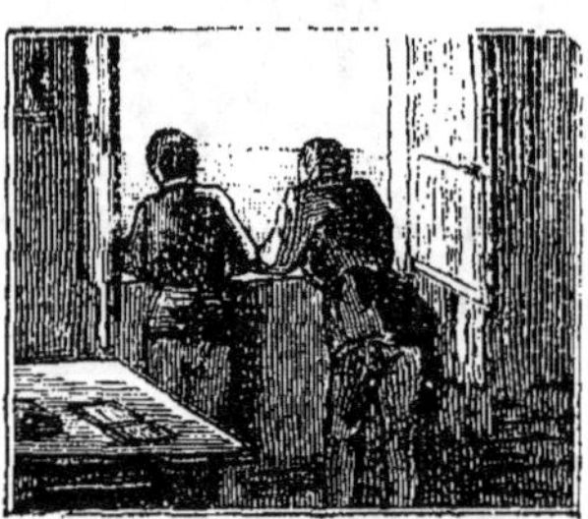

Paul et André à leur fenêtre.

Ils s'étaient contentés de contempler de la fenêtre de leur chambre les lointains horizons de verdure, et ce spectacle, joint aux récits que Rustique leur faisait le soir après souper, leur avait donné un grand désir de pénétrer dans ses célèbres profondeurs.

— Comme elle est grande, cette forêt! disait Paul

Est-ce que vous l'avez parcourue **tout entière,**
mon cousin ?

— Mais oui, mon enfant. J'en connais tous les
détours et les recoins, et Dieu sait s'il y en a !

— Oh ! moi ! interrompait le petit André, j'aurais
bien peur de m'y perdre, comme le petit Poucet. De
notre fenêtre on ne voit que des arbres, tant que la
vue peut s'étendre.

— N'aie pas peur, petit, on s'y retrouve. Tu verras
ça quand nous irons y travailler tous les trois.

— Bientôt, n'est-ce pas ? Et vous nous conduirez
bien loin, bien loin !

— Eh bien ! puisque tu es si pressé nous partirons
demain matin, et nous ne reviendrons que pour diner.
Es-tu content ?

— Je crois bien. Et vous n'aurez pas besoin de me
réveiller, allez ! Je serai levé avant tout le monde.
Ainsi, Paul, tu peux dormir, je me charge de t'appeler à l'heure.

Paul partit d'un éclat de rire irrésistible. Chaque
matin, il passait dix minutes à réveiller son frère, et
savait à quoi s'en tenir. Rustique et Madeleine firent
chorus, et André, gagné à son tour par la gaîté universelle, finit par prendre son parti sans rancune.

Le lendemain, au petit jour, André dormait à
poings fermés, et ce n'est qu'au milieu de la chambre
où son frère avait dû le trainer en chemise, qu'il
ouvrit enfin les yeux.

On partit du bon pied et on entra sous bois. L'air
était frais et vif, le soleil levant, encore loin d'atteindre
la cime des arbres, glissait entre leurs troncs quelques
rayons clairs, et une bonne odeur de feuillage se dé-
gageait des fourrés.

Paul et André ne se tenaient pas de plaisir. Rustique
leur avait coupé à chacun un solide bâton de frêne
qu'ils faisaient fièrement sonner sur la route.

Pour lui, il s'appuyait sur une sorte de parapluie
de toile blanche muni d'un manche énorme que ter-

minait une pointe de fer, et portait sur le dos un gros sac de toile, pareil à ceux des soldats, mais plus grand.

— Qu'est ce qu'il y a donc dans votre sac, cousin ? il pèse joliment lourd, lui dit André.

— D'abord, notre déjeuner, mon garçon, et je compte sur toi pour diminuer ma charge ; et puis toutes sortes d'outils que tu verras tout à l'heure, quand nous serons arrivés.

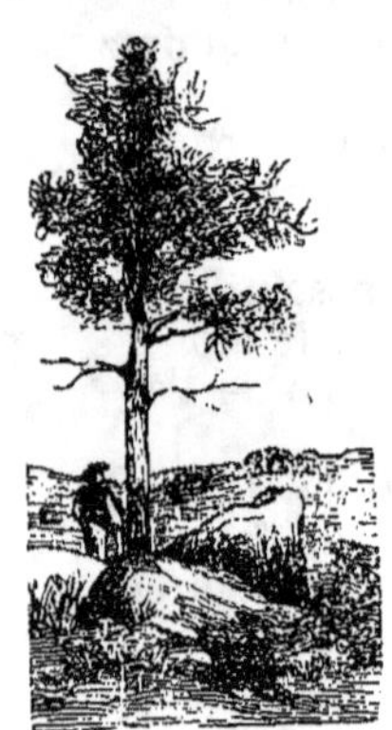

Aux abords d'Apremont.

— Arrivés où ? interrogea Paul qui aimait à se renseigner.

— A l'un des endroits les plus célèbres de la forêt qu'on appelle les *Gorges d'Apremont*. Nous y serons bientôt.

Depuis quelque temps, les trois voyageurs suivaient un sentier montueux semé de grosses pierres grisâtres. La forêt s'était éclaircie peu à peu et, par de grands espaces vides laissés entre les arbres, la vue s'étendait sur les lointaines futaies. A chaque instant, Paul ou André poussaient des exclamations d'étonnement. Ils n'avaient jamais vu un pareil spectacle.

Tout à coup, comme ils allaient tourner un coude du chemin, Rustique s'arrêta brusquement; les enfants qui le suivaient de près, surpris, jetèrent un petit cri d'effroi comme si quelque bête sauvage se fût présentée à eux. Mais Rustique se retournant :

— Approchez un peu, petits, et regardez-moi ça !

Une gorge profonde se creusait à leurs pieds. D'énormes rochers, les uns debout, les autres abattus et roulés à terre, s'y entassaient dans un chaos inexprimable. Des sapins petits et maigres, clairsemés, s'attachaient péniblement à leurs flancs, tandis que de loin en loin un arbre plus puissant, enfoncé entre deux rocs par ses fortes racines, les dominait de son toit de verdure sombre.

La sauvage beauté de ce tableau avait saisi d'étonnement les deux enfants qui se serraient l'un contre l'autre sans trouver une parole.

— Oh ! que c'est beau ! s'écria enfin Paul.

— Aussi nous nous y arrêtons, dit Rustique. Mes enfants, reposez-vous, pendant que je vais préparer mon ouvrage.

Il choisit avec soin un endroit d'où la vue était plus belle que partout ailleurs, puis, démontant son énorme parapluie qui avait deux manches l'un dans l'autre, il enfonça en terre la pointe du premier dans le haut duquel il emboîta le second. Comme le soleil commençait à tomber d'aplomb, il ouvrit la toile et l'appareil présenta l'aspect d'un magnifique parasol dans le genre de ceux qui abritent les fleurs au marché. Il s'assit alors sur un pliant retiré de dessus son sac qu'il ouvrit.

Les enfants, curieux, s'étaient approchés pour voir.

— Ah ! ah ! petits, vous tenez à connaître les outils du peintre ! Voici d'abord un paquet qui n'en est pas. C'est notre déjeuner : tout à l'heure nous lui dirons un petit bonjour. Mais nous y voilà !

Il tira une boîte plate, carrée, assez grande, et l'ouvrit.

— Ah ! mon Dieu ! est-elle pleine, votre boîte ! s'écria André. Qu'est-ce que vous pouvez bien faire de toutes ces petites choses-là ?

— Un peu de patience, mon garçon ! Tu vas voir à quoi cela sert.

Prenant alors un objet formé de trois grosses règles attachées par des charnières, il le déploya en triangle et le fixa en terre.

— Voici mon chevalet. Il tient la toile à la hauteur des yeux ; je n'ai qu'à le poser sur cette tablette saillante et j'obtiens un pupitre très commode.

Il prit en effet une toile blanche, large de quarante centimètres à peu près, tendue fortement sur un léger châssis de bois, et la posa sur la tablette du chevalet.

Puis il sortit de l'inépuisable boîte une sorte de planchette ovale, percée d'un trou dans lequel il passa le pouce, et la tint ainsi renversée sur son poignet gauche.

— Grand Dieu ! que votre planche est sale ! Elle est toute tachée ! s'écria André.

Rustique se mit à rire.

— Ce ne sont pas des taches, petit, ce sont les couleurs qui me servent à peindre ; on les étale sur la palette pour les prendre avec le pinceau.

Ce disant, il choisit avec soin un pinceau au milieu d'une douzaine d'autres, le posa près de lui, et soulevant un chiffon qui couvrait le fond de la boîte, dégagea une quantité de petites fioles en étain aplaties à une extrémité et soigneusement bouchées.

— Voici les tubes qui contiennent les couleurs.

— Alors, demanda Paul, chacun de ces tubes contient une couleur différente ?

— Oui, mon ami ; tu vois qu'il y a plus de couleurs que tu ne croyais.

— C'est vrai, interrompit André, j'en compterais plus de cent. Sont-ils drôles, ces petits tubes ! On dirait une friture de goujons.

La réflexion égaya Rustique, et c'est en riant qu'il prit un tube dont il dévissa le bouchon. Il le pressa légèrement à l'extrémité aplatie, et il en sortit une pâte brillante qui vint se déposer en petit tas sur la palette. Rustique fit de la même façon une douzaine de petites mottes de couleur, puis saisit son pinceau et en trempa la pointe dans un godet plein d'un liquide dont l'odeur pénétrante fit faire la grimace à André.

— Voilà une eau qui sent bien mauvais, mon cousin !

— C'est l'essence de térébenthine, petit. Elle sert
à délayer un peu ces couleurs trop épaisses, et elle
les aide ensuite à sécher vite.

Il passa alors la pointe du pinceau sur plusieurs
des petites mottes étalées sur sa palette, et quand il
le jugea chargé de la couleur convenable, l'appliqua
sur la toile et se mit à peindre.

Pendant une bonne demi-heure, les enfants le re-
gardèrent sans bou-
ger, et lui travailla
sans s'arrêter. Peu à
peu, la toile se cou-
vrait de peinture, et
le pays environnant
venait s'y reproduire.
On voyait les rochers
dans leur bouleverse-
ment, les petits sa-
pins malingres et les
grands arbres, le che-
min couvert de pier-
res, et le ciel matinal
où les nuages blancs,
légers, fondaient et se
dissolvaient à la cha-
leur du soleil.

Le tableau s'avan-
çait ; Rustique était
toujours silencieux, et

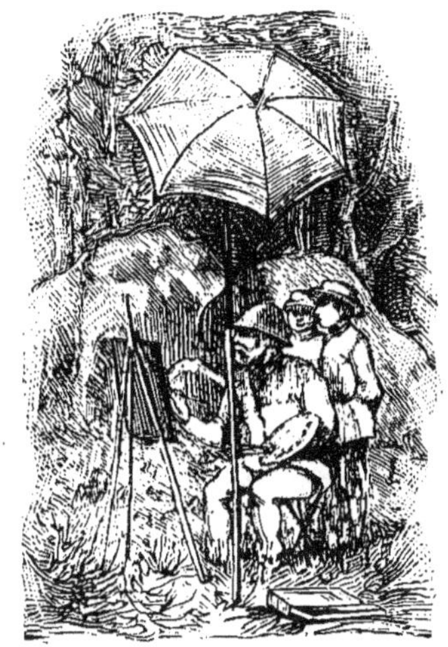

Rustique à son travail.

les enfants, émerveillés, retenaient leur souffle.

— Ça y est ! s'écria-t-il enfin joyeusement. N'y
touchons plus ! Et déjeunons ; pendant ce temps-là,
ça séchera.

Et posant la palette et les pinceaux, il se leva, dé-
tendit ses jambes, respira largement, essuya son front
où perlait la sueur, prit le fameux sac et alla s'asseoir
à l'ombre suivi d'André dont l'appétit commençait à
s'éveiller.

Mais Paul ne bougeait pas. Il regardait le tableau, puis la campagne, puis encore le tableau. Il comparait et examinait avec une telle attention que Rustique dut l'appeler à plusieurs reprises.

— Eh! bien ! et le déjeuner ? Tu l'oublies donc ?

— Oh ! mon cousin, c'est si beau, ce que vous venez de faire. Je crois comprendre maintenant ce qu'est la peinture.

— Tu n'en vois qu'un des moindres ouvrages, mon petit Paul. Ce que tu as sous les yeux n'est pas un *tableau*, mais une simple *étude* ; peut-être me servira-t-elle à faire un tableau ; peut-être aussi ne l'utiliserai-je jamais. Et puis, il n'y a que des arbres et des pierres sur cette toile, et il m'a suffi d'une heure pour en esquisser l'aspect. Mais si j'avais voulu peindre un homme, ce sont des journées entières que j'aurais dû passer dans l'atelier à copier patiemment mon modèle.

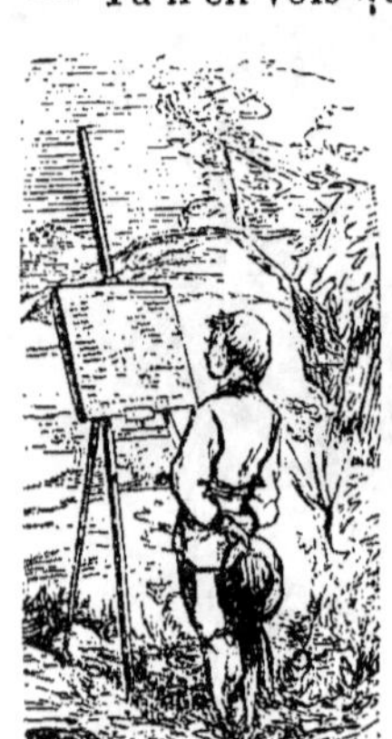

Paul admire le tableau de Rustique.

— Il est donc plus difficile de peindre des hommes ?

— Oui, mon enfant. Il y a de très grands et très illustres artistes qui se sont contentés de peindre la nature et les objets sans vie ; ils ont peint les forêts, les campagnes, la mer avec ses grandes vagues, les montagnes avec leurs neiges éternelles, et quand ils l'ont fait parfaitement, leurs contemporains les ont honorés et la postérité a retenu leurs noms. Mais ceux qui ont fixé magnifiquement sur la toile les grands événements de l'histoire ou qui ont su donner la vie à de nobles figures sont les plus grands de tous, et les autres artistes les regardent comme leurs maîtres.

— Mais pourquoi ne faites-vous pas comme ceux-là, vous qui êtes si habile?

— Moi! mon garçon! C'est que j'éprouve un goût particulier pour la nature. J'aime les champs, les bois et les maisons de paysans avec leurs toits de chaume ; je leur trouve des beautés admirables que j'essaie de reproduire sur mes toiles pour les faire connaître aux autres hommes. J'établis mon atelier partout où il y a des arbres, des blés mûrs ou des trèfles en fleurs. Il est toujours à ma disposition, ne coûte rien, et me paraît le plus beau du monde.

Mais maintenant déjeunons, car je me sens une faim de loup.

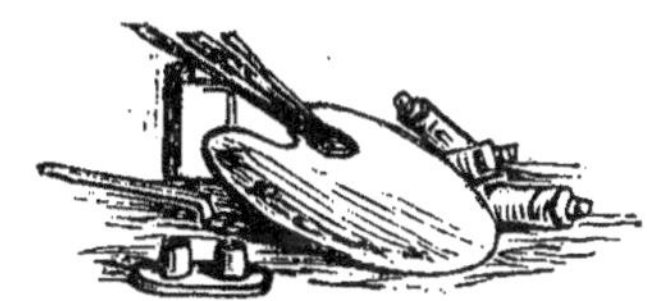

CHAPITRE III

Le premier dessin. — La première sculpture. — Le premier monument.

Le repas ne fut pas long. Tous les trois avaient bon appétit, et les provisions, vigoureusement attaquées, disparurent comme par enchantement sous leurs efforts. Seuls, quelques os bien nettoyés restèrent sur le carreau, témoignant de l'ardeur de la lutte.

Quand tout fut fini et que le dernier noyau de pêche eut mordu la poussière, les vainqueurs poussèrent un soupir de satisfaction et s'étendirent sur le sol, la tête à l'ombre et les pieds au soleil, posture commode et agréable quand on n'a plus rien à faire.

Puis Rustique bourra sa grosse pipe d'écume, l'alluma avec précaution, et se mit à tirer lentement des bouffées odorantes.

Bien qu'il ne fût pas bavard de sa nature, il aimait la causerie qui suit le repas. Aussi la conversation ne tarda-t-elle pas à s'engager.

— Eh bien ! ami Paul, tu vois que, sans parler de ses autres avantages, le métier de peintre est assez bon pour l'estomac; on gagne de l'appétit à venir chercher son modèle.

— Mais, mon cousin, j'avais bien autant d appétit
que vous, et le métier n'y était pour rien, malheureusement.

— Malheureusement ? tu aimerais donc à être
peintre ? Voilà un goût qui t'est venu bien vite.

— C'est pour vous avoir vu au travail, mon cousin. C'était si intéressant ! Je voyais de petites taches
de couleur s'ajouter les unes aux autres, et tout d'un
coup j'ai reconnu ce gros arbre qui est là devant nous.
Il est maintenant si ressemblant qu'on ne peut s'y
tromper. Et puis les rochers sont venus à leur tour,
et puis les pierres, et le chemin, et toutes ces petites
herbes ! Cette belle forêt, si grande, paraît tenir tout
entière sur la toile, et je me rappelle bien qu'il vous
a suffi de deux ou trois coups de pinceau pour la
faire venir. Enfin, ce qui est encore plus extraordinaire, c'est que les premières couleurs que vous avez
étendues sur le tableau, et auxquelles je ne compre-
nais rien tout d'abord, ont formé pourtant ce beau
ciel qu'on voit s'en aller à perte de vue ! Voyez-vous
mon cousin, il me semble que je connais mieux le
pays où nous sommes depuis que vous l'avez peint,
et il me paraît cent fois plus beau que tout à
l'heure.

Pendant que Paul parlait, André le regardait avec
stupéfaction, surpris que son frère eût trouvé tant de
choses dans la peinture de Rustique. Pour lui, il n'y
avait certes pas regardé de si près. Néanmoins, pour
ne pas laisser son frère parler tout seul, il s'écria :

— Moi, je suis de l'avis de Paul. La peinture est
une très belle chose. Est-ce qu'il y a longtemps
qu'elle est inventée ?

— Je vais, en réponse à ta question, te raconter
une vieille histoire qui nous vient d'un peuple, appelé *les Grecs*. Les Grecs disaient que dans des temps
déjà très anciens à leur époque, une guerre avait
éclaté entre deux villes voisines. Tous les jeunes
hommes prenaient les armes et s'en allaient com-

battre pour la patrie. L'un d'eux était fiancé; lorsqu'il dit adieu à la jeune fille qu'il devait épouser, celle-ci voulut conserver de lui une image qu'elle pût regarder chaque jour. Elle vit sur la muraille blanche de sa maison leurs deux ombres que le soleil y peignait en noir; subitement inspirée, elle courut prendre un charbon à son foyer, et, de la pointe, traça, en suivant les bords de l'ombre, les contours de profil de son fiancé.

Quand le soleil fut monté au zénith, le soldat était parti, aucune ombre ne se projetait plus sur le mur, mais les traits dessinés par la jeune fille restaient visibles et attestaient son souvenir.

Voilà comment les Grecs, qui aimaient les belles histoires, ont raconté l'invention du dessin.

— Est-ce que cette histoire-là est vraiment arrivée ? demanda André.

— Il n'y a rien d'impossible, et tu peux t'en convaincre en dessinant l'ombre de Paul sur le premier mur venu. Mais ce n'en est pas moins une légende, car le dessin n'a pas été *inventé*, comme tu dis, tout d'un coup. Ton mot *inventé* exprime une idée très fausse.

— Pourquoi donc, mon cousin ?

— Tu vas voir. Suis bien mon raisonnement. Un homme peut inventer une machine nouvelle dont aucun autre n'avait eu l'idée avant lui, et qu'il construit de toutes pièces. Mais il n'y a eu besoin de personne pour inventer le dessin ou la peinture, ou la sculpture, parce que les hommes ont eu naturellement l'idée d'imiter les objets qui se présentaient à leurs yeux, et par conséquent de les sculpter, de les dessiner ou de les peindre.

Ainsi vous savez que les sauvages se plaisent à orner de peintures les grossières étoffes dont ils s'habillent, à dessiner sur leurs propres corps la figure des objets qu'ils voient habituellement, par exemple le soleil, la lune, un animal de leur pays, à sculpter ou à ciseler le bois de leurs arcs ou de leurs massues.

Voilà pourquoi nous pouvons être certains que les hommes ont, de tout temps, cherché à reproduire par des œuvres d'art les objets extérieurs. On en a d'ailleurs trouvé des preuves très curieuses, que je vous indiquerais volontiers ; mais il me semble qu'André a l'air d'avoir sommeil, et...

— Moi ! pas du tout, dit André, qui rouvrit brusquement les yeux ; je n'ai pas la moindre envie de dormir, c'était pour mieux écouter.

— Si c'est comme cela, dit en souriant Rustique, je continue. Sais-tu ce que c'est qu'une caverne ?

— Oui, mon cousin, c'est un grand trou dans une montagne. J'en ai vu.

— C'est cela même. Eh ! bien ! aux époques très reculées où les premiers hommes n'avaient pas appris à se grouper en nations, ils étaient obligés de vivre solitaires dans des cavernes pour se préserver des intempéries et des bêtes féroces. On a retrouvé, dans ces dernières années, quelques-unes de ces cavernes, et cette découverte a prouvé que ces pauvres sauvages, qui vivaient comme des bêtes, avaient pourtant déjà le goût d'exécuter des œuvres d'art.

— Comment cela, mon cousin ? s'écrièrent les deux enfants vivement intéressés.

— En déblayant une de ces cavernes, située en France dans la vallée de la Dordogne, on a découvert sur la paroi un dessin gravé avec une pointe, et qui représente la figure d'un ours. Ce n'est pas très bien fait, comme vous le pensez, mais on reconnaît facilement le modèle. D'ailleurs je vais reproduire ce dessin de mémoire : vous jugerez vous-mêmes.

Rustique prit un crayon et dessina rapidement les contours d'un animal que son gros ventre et ses énormes pattes firent aisément reconnaître.

— C'est tout à fait un ours, s'écria Paul. Voilà

un sauvage qui ne manquait pas d'intelligence
Qu'en dis-tu, André? Tu n'en ferais pas autant, hein?

— Ni toi non plus, Paul, répondit André vexé
d'être trouvé inférieur à un sauvage.

— Ce n'est pas tout, continua Rustique. Il y avait
aussi dans la caverne, au milieu d'ossements de
toute sorte, des instruments grossièrement façonnés
avec des bois de rennes. L'un de ces instruments
avait été sculpté par le fabricant, et portait la figure
même du renne, mieux dessinée encore que l'ours de tout à l'heure. La voici d'ailleurs.

Rustique reproduisit encore ce dessin dont la précision émerveilla les enfants.

— Mais est-on bien sûr que ces ouvrages aient été faits par les hommes de la caverne? demanda Paul qui conservait des doutes.

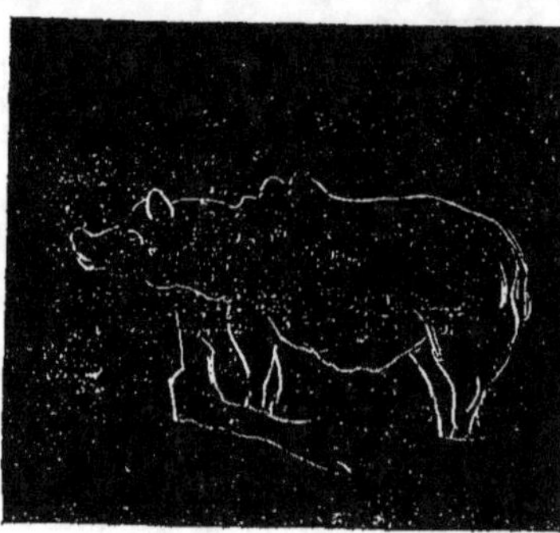
L'ours des cavernes.

— Absolument sûr, mon ami. Depuis bien des siècles l'entrée de la caverne était obstruée, et sa découverte n'est due qu'au hasard. Pas un homme n'y avait
pénétré depuis des milliers d'années.

— Comme c'est curieux ! dit Paul. Mais il n'importe,
nous avons fait de fameux progrès en dessin depuis
ce temps-là.

— Et nous en avons fait bien d'autres, heureusement. Je suis sûr, par exemple, que tu ne changerais
pas ta chambre bien close pour le creux de rocher où
travaillait l'artiste inconnu qui a dessiné le renne, ni
ton petit lit pour la botte de feuilles sèches où il couchait.

— Je le crois bien, et même si j'étais jamais obligé, *comme Robinson, d'habiter une caverne, je ferais* comme lui tous mes efforts pour arriver à avoir une maison plus commode.

— C'est bien ce qu'ont fait les anciens hommes. Seulement ils ont eu à vaincre beaucoup plus de difficultés que Robinson, car celui-ci avait déjà vu des maisons, et savait comment on les bâtit, tandis que les premiers hommes ont dû imaginer les formes des édifices, et apprendre par expérience la manière de les construire.

— Ils n'ont pas dû y réussir du premier coup?

— Assurément ! Aussi ont-ils passé

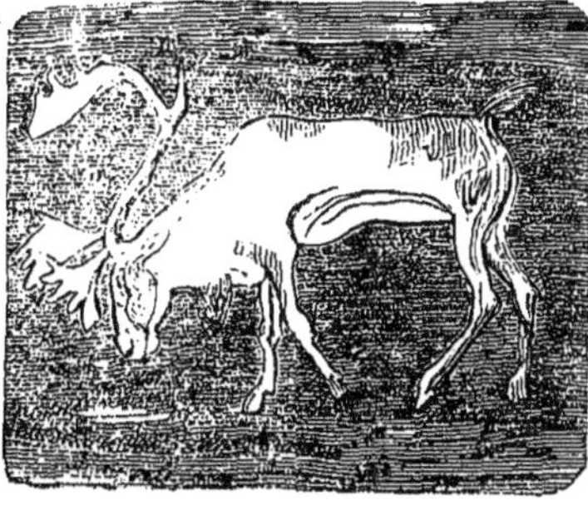

Le renne des cavernes.

par bien des tâtonnements avant d'arriver à pouvoir édifier des monuments comme les nôtres. D'abord ils se sont bornés à construire des maisons solides et commodes, puis à mesure qu'ils avançaient en civilisation, ils ont cherché à leur donner de belles formes et à les orner d'une façon agréable.

Quand ils ont su faire à la fois des édifices solides et beaux, le *métier* de la construction est devenu réellement un *art*. On l'appelle *architecture*.

— Alors, mon cousin, un art n'est pas la même chose qu'un métier?

— Non, mon ami. Le *métier* se borne à la fabrication des objets simplement utiles, tandis que *l'art* cherche à atteindre aussi la *beauté*, et *l'esprit* y a plus de part que la *main*. C'est pour cette raison qu'une machine ne saurait jamais exécuter une œuvre d'art, car, pour apprécier la beauté, il faut l'intelligence.

Enfin la machine la plus perfectionnée fabrique toujours le même objet, au lieu que les hommes varient facilement la forme des œuvres qui sortent de leurs mains. Ainsi, pour ne pas quitter l'architecture, leurs habitations sont très différentes selon les pays.

— Pourtant, mon cousin, il me semble que pour bâtir une maison, c'est toujours la même chose. Des murs et un toit, et dans le mur des portes et des fenêtres !

—C'est vrai, mais il y a une infinité de formes de toits et de fenêtres, C'est le climat et les exigences des saisons qui guident

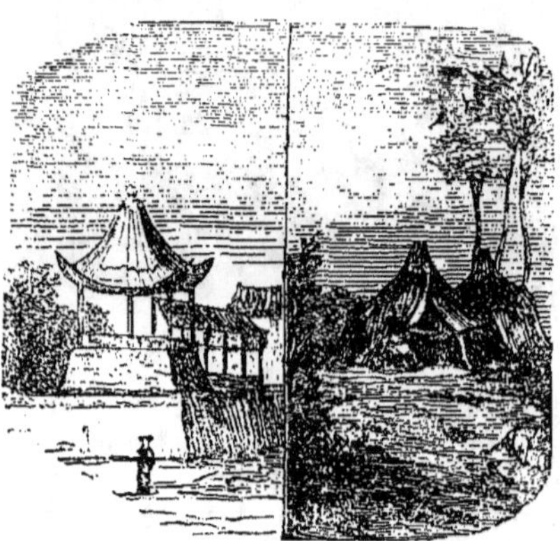

Une maison et une tente chinoises.

l'architecte. Prenons, par exemple, les Chinois : ils vivaient autrefois dans des camps et logeaient sous des tentes, par ce que leur pays est formé de grandes plaines. Quand ils ont senti le besoin de vivre plus confortablement et qu'ils se sont mis à construire des maisons, ils leur ont tout naturellement donné la forme des tentes auxquelles ils étaient habitués. Tiens ! je vais dessiner une maison chinoise, et, à côté, une tente de campement. Vois comme les deux habitations se ressemblent ! Elles sont presque pareilles.

D'autre part, les Égyptiens, qui étaient primitivement forcés d'habiter des grottes creusées dans le roc,
ont imité ces grottes dans la construction de leurs premières demeures. Les Grecs, nés sur des rivages om-
bragés d'arbres verts, et dont les légères cabanes
primitives furent simplement couronnées de feuillage,
ont élevé leurs maisons à l'image de ces cabanes.

Quant à nos aïeux, qui, dès les temps les plus lointains, vécurent dans les clairières de leurs immenses
forêts, leurs yeux
s'habituèrent aux
troncs gigantes-
ques des hêtres et
des chênes qu'ils
voyaient se perdre
à d'énormes hau-
teurs dans un
fouillis de bran-
chages où ne ré-
gnait qu'une sorte
de demi-jour. Ils
y conçurent na-
turellement l'idée
des grandes nefs
de leurs cathé-
drales dont les
voûtes s'élèvent si
haut, portées par
des piliers arron-

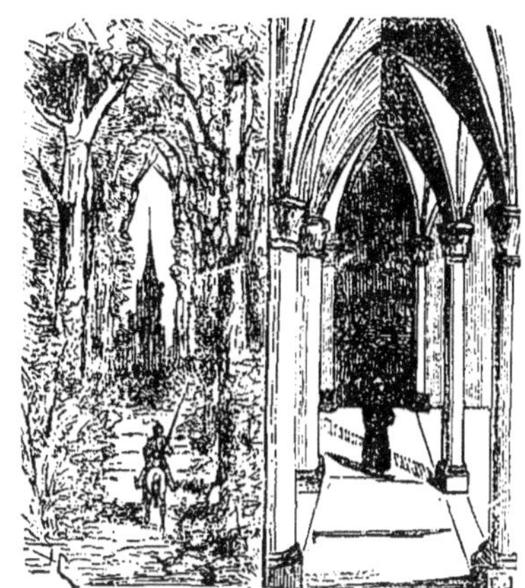

Allée de forêt et intérieur d'église.

dis. Chacun de ces piliers fut comme le tronc d'un
arbre de pierre et les voûtes courbées dont vous avez
ici un exemple reproduisirent les feuillages impéné-
trables que la forêt croisait au-dessus de leurs têtes.

— Ah ! nos aïeux vivaient dans les forêts, et dor-
maient sur des feuilles ! répondit Paul. Mais c'est
qu'on dort quelquefois très bien sur des feuilles !

En disant ces mots, il regardait silencieusement
du coin de l'œil son frère qui, étendu tout de son

long, la tête sur le coude, dormait à poings fermés.

— Eh bien! André! s'exclama Rustique, avec un éclat de rire, te voilà bien pressé, mon garçon ; attends au moins que la lune se lève!

André se releva en sursaut, bondit sur ses pieds, et tout confus, commença à se frotter les yeux frénétiquement.

— Ce n'est pas ma faute... C'est la chaleur... mon cousin. Et puis on est si bien là que... D'ailleurs, j'entendais très bien...

Le pauvre André bâillait à se disloquer la mâchoire, bredouillait sans savoir ce qu'il disait. Les rires redoublèrent son embarras.

Enfin Paul, qui se tenait les côtes, vint à lui, le secoua, lui fit faire deux ou trois tours sur lui-même, ramassa son chapeau dont il le coiffa jusqu'aux oreilles, lui mit en mains son bâton, et le poussa sur la route.

— Allons, mes enfants, dit Rustique qui riait aux larmes de la mine d'André, il est tard : reprenons nos bagages, et en route! Nous allons prendre le plus court et nous arriverons juste pour dîner.

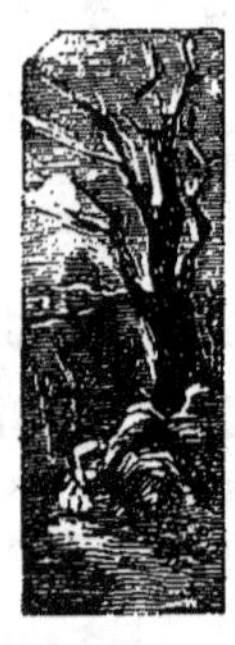

CHAPITRE IV

Visite à l'église d'A***. — L'architecture. Les grandes cathédrales.

Cette première promenade avait excité au plus haut point l'enthousiasme des enfants qui aspiraient ardemment à la renouveler. Devant leur impatience, Rustique leur permit d'entreprendre des excursions tout seuls dans le voisinage.

Il jugeait d'ailleurs que ces courses pouvaient leur être profitables à plus d'un titre ; elles feraient travailler leurs jambes et exerceraient leur mémoire et leur intelligence, en les obligeant à observer leur route et à diriger leur voyage. Aussi étaient-elles préparées avec soin, presque militairement. Dès la veille, après le dîner, Rustique décrochait une grande carte de la forêt et, de la pointe de son crayon rouge, y traçait la route à suivre en expliquant comment on la retrouverait sur place.

Le lendemain matin, il conduisait les enfants jusqu'à l'entrée de la forêt, leur montrait une dernière fois le chemin, les embrassait en leur souhaitant un bon voyage, et les suivait des yeux jusqu'au premier tournant. Une fois hors de vue, Paul dépliait sa carte et, d'un air de commandement, criait à son frère : Par ici ! A droite ! à gauche ! avec assurance. Il lui fallait déployer une vigilance extrême, car le pauvre André avait la plus fâcheuse tendance à choisir d'instinct le mauvais chemin. On faisait halte aux bons endroits, et Paul, qui se rappelait les leçons de Rustique, s'efforçait d'expliquer à son frère la beauté des points de vue et de l'échauffer de son propre enthousiasme.

— Tiens, André, regarde bien ! on ferait ici un tableau magnifique.

Ou bien :

— Quel beau chêne !

Mais André était quelque peu rebelle à ces enseignements. En revanche, il s'arrêtait coi quand le chant d'une fauvette s'élevait d'un fourré ou quand la cloche d'un village tintait l'angélus dans le lointain. Et il aimait encore mieux les sonnailles confuses des convois de pierres qui reviennent des carrières, dont le grelottement cadencé lui arrivait à travers les futaies, et qu'il écoutait, l'oreille tendue, s'évanouir lentement dans un bruit vague.

Après une bonne promenade de trois ou quatre heures, les deux enfants revenaient pour le déjeuner exactement et à l'heure juste, car Rustique avait confié sa montre à Paul pour la circonstance.

A s'exercer ainsi, ils étaient devenus bons marcheurs. Aussi ne furent-ils pas effrayés quand, un jour, Rustique leur proposa une grande expédition jusqu'à l'autre bout de la forêt.

— C'est qu'il ne faudra pas ménager ses jambes, leur dit-il. Nous allons jusqu'à A***, plus loin que Fontainebleau. C'est là que je me suis marié, et en souvenir de ce jour, j'ai donné un tableau à la vieille église ; on m'apprend qu'il lui est arrivé un accident et je veux voir si cela peut se réparer

Puis se tournant vers sa femme :

— C'est que j'y tiens à ce tableau-là ; il est bien

vieux, mais il me rappelle de bons souvenirs; tu le sais, Madeleine.

— Oui, mon cher mari, dit Madeleine, tout attendrie; il faut qu'il reste intact comme est restée notre affection.

Les deux époux s'embrassèrent de tout cœur et Rustique, d'un ton joyeux, s'écria :

— En route, en route, et capon qui s'en dédit !

Ce fut un véritable voyage; mais la beauté de la route fit oublier la fatigue; comme nos voyageurs étaient arrivés tard, ils allèrent souper et coucher à l'auberge; puis le lendemain, frais et dispos après une bonne nuit, ils se dirigèrent vers l'église où se trouvait le tableau de Rustique.

Une curieuse petite église, au parvis abrité d'un large auvent que soutenaient de minces colonnettes de bois et dont la toiture aiguë supportait un clocher grêle.

En y entrant, Rustique se sentit pris d'émotion et la crainte de trouver son œuvre détruite le fit pâlir.

Après une courte recherche, son regard tomba sur le tableau bien connu qui était appuyé au mur et soutenu sur trois chaises, comme un blessé sur ses béquilles. Il fut immédiatement rassuré et poussa un soupir de soulagement : le mal n'était pas irréparable.

Le curé, qui était entré, expliqua l'accident : le clou qui retenait le cadre avait cédé; le tableau était tombé sur l'angle d'un banc et la toile s'était crevée sur une longueur de quinze ou vingt centimètres.

— Ce n'est rien, dit Rustique; quelques heures de travail et il n'y paraîtra plus.

Et il se mit à l'ouvrage.

Le curé le remercia chaleureusement et sortit.

Pendant que Rustique procédait à la réparation qui ne laissait pas d'être minutieuse, les enfants examinaient l'intérieur de l'église.

Elle n'était pas plus grande que les autres églises

de campagne; mais, malgré ses dimensions restreintes, les enfants ne la trouvaient pas pareille à celles qu'ils avaient vues jusqu'alors. Toutefois, ils n'auraient pas su dire au juste en quoi consistait la différence.

Selon son habitude, quand il était embarrassé, Paul consulta Rustique.

— Cette église n'est-elle pas très ancienne, mon cousin?

— Si, mon ami, elle a plusieurs siècles d'existence; mais on la conserve avec le plus grand soin, car c'est une des curiosités de la contrée.

— Je m'aperçois bien, en effet, qu'elle ne ressemble pas à toutes les autres. Elle me paraît plus belle.

— Je crois bien, elle a été construite à peu près en même temps que les grandes cathédrales de notre pays, et elle possède quelques-unes de leurs beautés: aussi est-ce une véritable œuvre d'art.

— Les églises que l'on fait maintenant ne sont donc pas des œuvres d'art? interrompit André

— Rarement, petit. Dans les villes, on se borne d'habitude à copier économiquement les anciennes formes et, dans les villages, on se donne encore moins de peine. Les églises nouvelles n'y sont généralement qu'une grande pièce nue surmontée d'un clocher.

— Pourquoi donc les faisait-on plus belles autrefois?

— Parce qu'à l'époque où furent construites les plus belles églises, entre le XIe et le XIVe siècle, c'est-à-dire il y a sept ou huit cents ans, l'architecture était en grand renom. La plupart des hommes qui avaient le goût de l'art se faisaient architectes et appliquaient leur talent à édifier et à orner les belles cathédrales qui couvrent notre pays.

— Alors, en ce temps, on ne faisait pas de tableaux comme les vôtres, dit André.

— Non, mon ami, et pour bien des raisons. D'abord, pour que les peintres passent leur vie à

faire des tableaux, il faut qu'ils puissent les vendre
soit à de riches particuliers qui en embellissent leurs
appartements, soit à l'Etat, qui les place dans les
musées.

Eh! bien, au xı° siècle, il n'y avait guère de riches,
et il n'y avait pas de musées.

Seule l'église était le monument de tout le monde.
On la voyait tous les jours, on y entrait quand on
voulait, et les belles choses qu'elle renfermait étaient
offertes aux yeux de tous.

Aussi chaque ville tenait-elle à honneur d'avoir
une belle église qui fût admirée des étrangers, et les
villages eux-mêmes faisaient venir de bons architectes.

Les historiens nous donnent encore une autre raison qui explique le développement rapide de l'art de
l'architecture, Mais, pour les comprendre, il faut se
rappeler son histoire.

Voyons, Paul, toi qui as toujours les premiers prix,
te rappelles-tu ce qui devait arriver l'an mil après
Jésus-Christ?

— Oui, mon cousin, les hommes de ce temps, qui
étaient très superstitieux, croyaient que la fin du
monde arriverait cette année-là.

— C'est cela même; eh bien! tu comprends que,
quand l'an mille fut passé, tous les hommes, voyant
que rien n'avait bougé dans le monde, se sentirent
pris d'une grande joie. On se remit à travailler avec
ardeur et à bâtir, et les premiers monuments que l'on
éleva furent des églises. Un vieil historien du temps
rapporte ainsi ce fait :

« Près de trois ans après l'an mil, dans presque
« tout l'univers, surtout dans l'Italie et dans les Gau-
« les, les basiliques des églises furent renouvelées.
« Les peuples chrétiens semblaient rivaliser à qui
« élèverait les plus magnifiques. On eût dit que le

« monde se secouait et dépouillait sa vieillesse, pour
« revêtir la robe blanche des églises. »

Ce mouvement qui entraîna nos aïeux et que le
vieil historien nous dépeint si naïvement se continua
pendant plusieurs siècles. Vous pouvez donc apprécier
la quantité et la variété des édifices religieux de la France, surtout si j'ajoute qu'il n'y en a pas deux qui soient pareils.

— En quoi diffèrent-ils le plus souvent les uns des autres?

— Si j'avais ici mes dessins des principales cathédrales, vous vous rendriez facilement compte des différences. Je vais cependant vous donner quelques indications ; quand nous serons à la maison, je vous montrerai des gravures qui vous apprendront le reste.

D'abord, la forme générale des églises représente une croix couchée à terre. La grande branche forme la nef. On y entre par le pied de la croix, qui s'appelle le portail. Les deux branches transversales sont le transsept, et la tête est l'abside. Ce qui fait la beauté de l'édifice, c'est, à l'intérieur, la hauteur des piliers qui portent la voûte, la courbure élégante de cette voûte, les formes heureuses des longues fenêtres pointues qu'on appelle *ogivales* et l'éclat **des vitres peintes.**

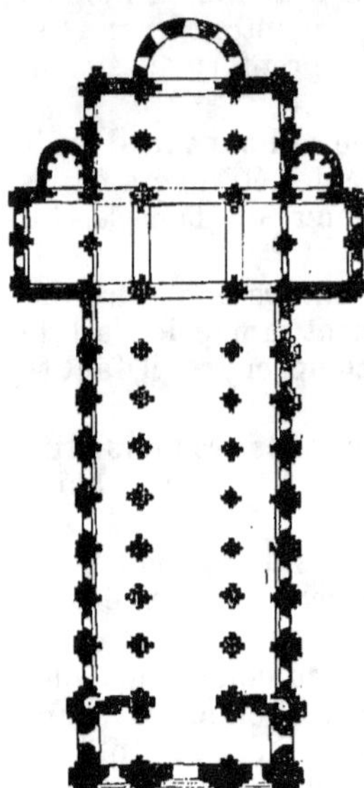
Plan d'une cathédrale.

A l'extérieur, le portail est ordinairement la partie la plus richement décorée. Ce sont d'abord des portes voûtées tout encadrées de niches habitées par des statues, puis, au-dessus, une large ouverture ronde qu'on appelle *rosace,* délicatement sculptée dans la pierre et fermée par des vitres de toutes couleurs ; au-dessus encore, de légères balustrades formées de minces colonnettes qui s'entrecroisent à leur sommet, et enfin, pour quelques églises, de hautes tours qui contiennent des cloches et dont la maçonnerie est percée de fenêtres, ornée de sculptures délicates, et enrichie de statues ; quelques-unes de ces tours, percées de part en part, semblent ne tenir que par un mira-

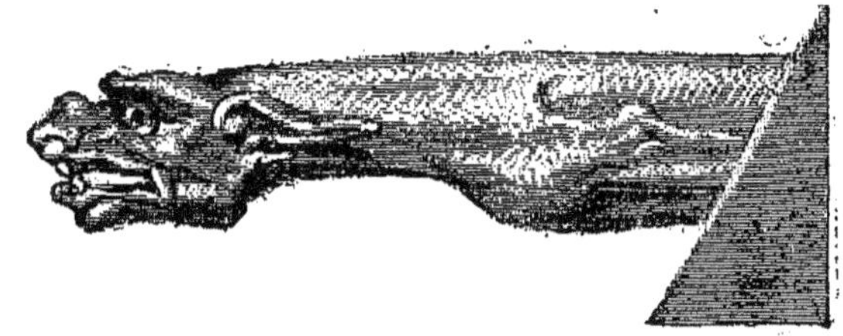
Une gouttière de cathédrale.

cle. C'est devant une de ces tours, celle de la cathédrale de Coutances, que le grand ingénieur Vauban s'écriait, frappé d'admiration : « Quel est le sublime fou qui a osé lancer dans les airs un pareil monument ? » Parfois, des flèches hardies surmontent l'édifice et s'élèvent vers le ciel à des hauteurs démesurées. Rien n'égale la merveilleuse légèreté de ces belles cathédrales que nos pères ont mis bien des années à bâtir, et que, de nos jours, les trésors d'un empire suffiraient à peine à payer.

— Comme cela doit être beau ! s'écria Paul, enthousiasmé. Je serais bien heureux de voir quelques-uns de ces monuments. Faut-il aller bien loin pour cela ?

— Mais vous m'en demandez bien long, mes enfants ; songez donc que je ne suis pas architecte et que je sais peu de chose sur ces questions.

— Oh ! mon cousin, dites-nous au moins tout ce que vous savez. Cela nous fait tant de plaisir.

— Allons ! je vais rappeler mes souvenirs et vous dire au moins ce que j'ai vu.

Vous saurez d'abord qu'on reconnaît plusieurs genres très différents dans l'architecture religieuse ; parmi ces différents genres, les deux principaux sont le genre ou style *roman* et le genre ou style *ogival*. Le principal caractère du premier est d'avoir des portes et des fenêtres arrondies, au lieu que le second a adopté des portes et des fenêtres terminées en pointe. Les plus belles églises appartiennent au style ogival.

L'une des plus anciennes de ces églises est celle de Laon, dans le département de l'Aisne ; elle a été commencée en 1114, et on a cessé d'y travailler en 1154. Malheureusement, elle n'est pas finie et les quatre grandes tours qui devaient la surmonter sont inachevées. Mais, grâce à sa situation, car la ville de Laon est bâtie sur une hauteur, la masse énorme de l'édifice produit un effet imposant.

L'impression qu'elle m'a causée n'est pas néanmoins comparable à celle que j'ai éprouvée à la vue de la cathédrale d'Amiens, chef-lieu du département de la Somme. Cet admirable édifice, qui a remplacé une vieille église brûlée en 1218, a été bâtie par un illustre architecte nommé *Robert de Luzarches*. Commencée en 1220, elle fut achevée seulement en 1288. Sa façade a 50 mètres de hauteur, et la flèche qui la couronne s'élève jusqu'à 35 mètres. La nef, trois fois plus haute que large, est une merveille de légèreté, et un écrivain a dit qu'elle est un chef-d'œuvre sans pareil. C'est d'ailleurs un des plus grands monuments

du monde, car il couvre 8000 mètres de super-
ficie.

— Oh! mon cousin, il ne doit pas y avoir une
autre église aussi belle !

— Erreur ! mes enfants : la cathédrale de Chartres est au moins aussi séduisante ; vous jugerez de la
richesse de son travail si je vous dis qu'on a mis
600 ans à l'achever, bien que plus de mille ouvriers y
aient souvent travaillé à la
fois. Elle a deux flèches,
dont l'une est nue comme
une aiguille, et l'autre,
haute de 122 mètres, cou-
verte de ciselures ; il n'y a
point en France d'église
aussi richement ornée !
Rien qu'à l'extérieur, on y
compte plus de dix-huit
cents statues et des mil-
liers de personnages sont
peints sur ses vitraux. Je
frémis encore au souvenir
de l'incendie de 1836 qui a
failli l'anéantir.

— Elle a été brûlée?

— Toute la toiture a été
détruite et c'est grand
dommage, car la charpente

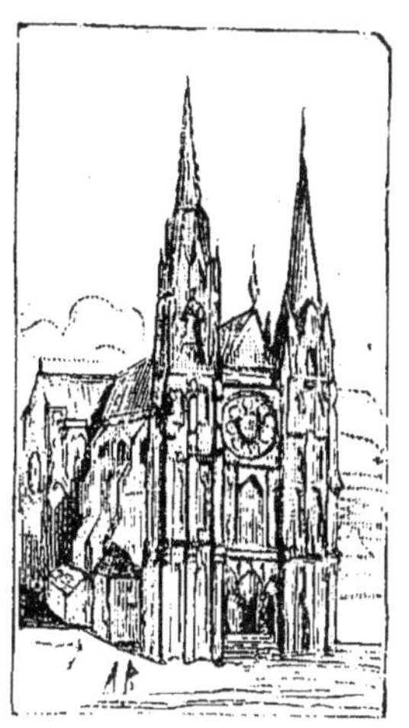

Cathédrale de Chartres.

de cette toiture était extrê-
mement célèbre; on l'avait surnommée *la forêt*, à
cause de l'immense quantité de bois qu'on y avait
employée.

J'étais bien jeune quand ce malheur est arrivé, mais
je me souviendrai toute ma vie de ces flammes qui
s'élançaient vers le ciel d'une hauteur de quarante
mètres et des tourbillons de fumée qui envelop-
paient les flèches.

Ce sont des accidents malheureusement trop fréquents, et qui menacent les plus belles œuvres. Ainsi la cathédrale de Reims a été, en 1210, complètement détruite et il a fallu la rebâtir tout entière. La reconstruction dura 30 ans et c'est le chef-d'œuvre de l'architecte *Robert de Coucy*. Je me rappelle encore l'étonnement que me causa ce magnifique portail, dont les divisions disparaissent presque sous les admirables ornements qui le surchargent. Au-dessus s'élèvent, à 83 mètres, les tours ouvragées à jour et qui devaient primitivement porter des flèches. Cette merveilleuse façade n'a de rivale que celle de Strasbourg, qui naguère encore était sur une terre française. La première pierre en fut posée en 1277 par le grand architecte *Erwin de Steinbach*, qui ne vécut pas assez pour en voir l'achèvement. Le portail s'élève à plus de 60 mètres, couvert de ciselures, décoré de statues ; il est surmonté d'une flèche unique percée à jour sur toute sa hauteur et encadrée de tourelles également à jour dans lesquelles serpentent des escaliers.

Cette flèche fameuse atteint 142 mètres ; une seule la dépasse en hauteur, celle de la cathédrale de Rouen, qui arrive à 152 mètres et qui est le plus haut monument du monde. Seulement la flèche de Rouen est en fer, et celle de Strasbourg en pierre, ce qui lui assure la supériorité.

— Que vous êtes heureux d'avoir vu tout cela, mon cousin, jamais je n'aurai un pareil bonheur.

— Pourquoi donc pas? Tu n'as pas encore mes cheveux gris, et d'ailleurs je me charge de te faire voir la plus belle des cathédrales, celle qui est, à mon avis, la merveille des merveilles.

— Laquelle, mon cousin?

— Notre-Dame de Paris, la plus majestueuse et la plus grandiose des églises qui soient au monde. Vous l'admirerez tous deux, je vous le promets.

— Oh! merci, mon cousin, s'écrièrent les deux enfants, dont les yeux brillèrent de joie.

Le jour commençait à baisser ; Rustique donna
vivement le dernier coup de pinceau à son travail,
avertit le curé, qui se confondit en remerciements, et
s'empressa d'emmener les enfants à l'auberge, où les
attendait un bon dîner.

Le repas fut vite expédié et chacun se coucha de
bonne heure pour se disposer à la longue course du
retour.

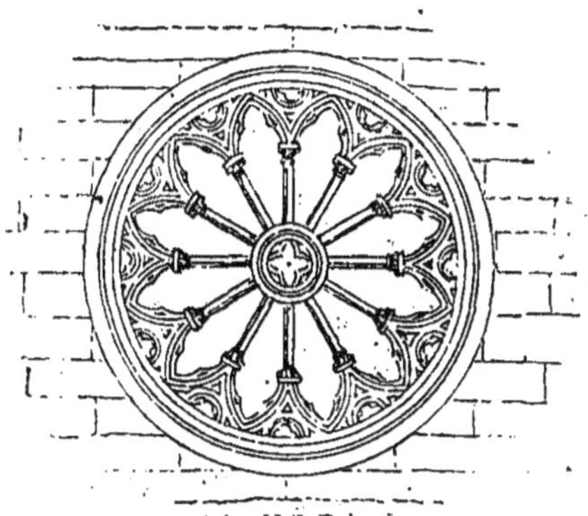

CHAPITRE V

Panique d'André. — Les marchands de statuettes. — La sculpture.

Le jour commençait à poindre quand Rustique, toujours matinal, réveilla les deux enfants, qui ne firent qu'un saut hors du lit et commencèrent à barboter dans les cuvettes. Puis, la soupe mangée, les ceintures bouclées et le bâton en main, on partit d'un pas alerte. La journée s'annonçait magnifique et de toutes parts les alouettes, haut dans le ciel et déjà invisibles, lançaient leur chanson infatigable. Paul, lui aussi, voulut se mettre à chanter, mais dès les premières notes, André l'interrompit.

— Paul, Paul, tais-toi, je t'en prie.

— Et pourquoi donc, s'il te plaît, monsieur mon frère ?

— Parce que tu chantes faux et que c'est affreux.

— Je chante faux ! comment peux-tu le savoir ? est-ce que tu t'y connais ?

— Je ne sais pas si je m'y connais, mais je sais bien que tu m'écorches les oreilles. Ecoute plutôt les alouettes, va ; en voilà qui savent chanter.

— Ah ! il faut se taire pour les oiseaux, maintenant! tout à l'heure ce sera sans doute pour les cloches.

Malgré l'accent ironique qu'il mit dans ces paroles, Paul ne souffla plus mot, et André triomphant put écouter les alouettes à son aise.

Il était parti en avant pour que son frère n'eût pas l'idée de reprendre l'avantage par quelque taquinerie, et marchait ainsi bravement en éclaireur. Tout à coup, comme il allait s'engager dans une allée, son frère, qui le suivait des yeux, le vit s'arrêter net et finalement tourner les talons pour se replier précipitamment sur le gros de l'armée.

D'un élan, Paul s'avança pour le secourir et Rustique lui-même, bien qu'il n'eût pas manifesté grande appréhension, pressa le pas.

— André, qu'est-ce que tu as ? demanda Paul.

— J'ai vu des hommes assis sur le bord de la route.

— Comment! dit Rustique d'un air fâché, c'est cela qui te fait peur ? serais-tu poltron, par hasard ?

— Mais, mon cousin, ce n'est pas des hommes comme les autres. Ils ont des chapeaux pointus et des cheveux qui leur tombent sur les épaules. Et puis, à côté d'eux, on voit je ne sais quoi de tout blanc.

Paul, inquiet, fronçait les sourcils et serrait les poings ; mais comme Rustique semblait tout à fait calme, André reprit un peu d'assurance et tous les trois continuèrent posément leur route.

A mesure qu'ils approchaient, l'embarras se peignait sur la figure d'André, dont la confusion devint inexprimable quand il se trouva en face des redoutables malfaiteurs qui l'avaient fait fuir.

Ces terribles brigands, au nombre de deux, jouaient paisiblement aux osselets ; ils pouvaient avoir de douze à quatorze ans ; de longs cheveux bouclés leur tombaient sur les épaules, et leur figure délicate, animée par le jeu, était comme éclairée par des yeux noirs, mobiles, dont l'expression changeante n'était pas sans charme. Ils étaient vêtus de petites vestes bleues, de gilets rouges à boutons de cuivre et portaient des chapeaux de feutre non pas pointus, mais larges de bords et de forme un peu haute.

— Mes compliments, André, dit Rustique, tu t'y connais; voilà des ennemis tout à fait dangereux! Des marchands de statuettes italiens! rien de si méchant, mon garçon! Tiens-toi sur tes gardes!

André, tout honteux, ne savait que répondre.

Cependant, à leur approche, les petits marchands s'étaient levés et se hâtaient de disposer bien en vue leur étalage.

C'était une simple planchette munie d'un rebord et sur laquelle se trouvaient posées des statuettes en plâtre de différentes tailles.

— Allons, poltron, dit Rustique, nous allons voir d'un peu plus près ce qui t'a si fort effrayé. J'espère que cela servira à t'aguerrir. Et, sur son invitation, les petits marchands se mirent à exhiber l'une après l'autre les figurines qui formaient leur bagage, les tournant, les retournant et vantant leurs nombreuses qualités, dans un jargon moitié italien, moitié français, avec une volubilité démonstrative.

De fait, il s'y trouvait des vases, des figures de toute espèce : des enfants joufflus portant des paniers sur la tête, des portraits de femmes souriantes coiffées de grappes de raisins, des messieurs en faux-cols et en lunettes, des zouaves et des artilleurs, et jusqu'à des perdrix et des grenouilles. Tout cela ne paraissait pas très beau, à l'exception pourtant d'une statuette, un peu plus grande que les autres, et qui, placée au centre de la planchette, semblait dominer tout le reste de l'étalage. Elle représentait une femme debout, grande, d'un aspect noble et d'une figure imposante. Une draperie la couvrait depuis la taille jusqu'aux pieds ; seulement, particularité curieuse, elle n'avait pas de bras.

— Qu'est-ce donc que cette grande femme-là, mon

cousin? Elle me plaît bien mieux que tous ces vi-
lains bonshommes.

— Tu n'as pas mauvais goût, mon enfant. Cette
petite statuette est la copie de l'une des plus belles
statues qui soient au monde, et que l'on connaît partout sous le nom de Vénus de Milo.

— Qui est-ce qui a fait cette statue?

— On n'en connaît pas l'auteur. Tout ce qu'on en
peut dire, c'est qu'elle a été faite il y a plus de deux
mille ans par un sculpteur grec. C'est d'ailleurs chez
cet ancien peuple dont je vous parlais dernièrement
qu'ont été exécutées les plus admirables sculptures ;
beaucoup de leurs ouvrages ont été détruits depuis plus
de vingt siècles, mais un certain nombre ont survécu
aux bouleversements et aux destructions, et parmi
ceux-là, la Vénus de Milo est peut-être le plus beau de
tous. Depuis qu'on a découvert, en 1810, cette magnifique statue dans la petite île de Milo, qui fait partie
de l'archipel des Cyclades, on en a fait des millions
de copies et il n'est pas un artiste qui ne doive l'étudier comme un modèle sans défaut.

— Où se trouve la statue véritable?

— A Paris, dans le musée du Louvre, car c'est un
Français qui l'a découverte, et la France peut être
fière de posséder cette œuvre sans égale.

Ces réflexions de Rustique avaient excité la curiosité de Paul, qui regardait la petite statuette d'un œil
d'envie. Aussi fut-il rempli de joie lorsqu'il vit le
peintre en demander le prix. Après une courte discus-
sion, on tomba d'accord pour trois francs, et Rustique
prit la statuette.

— Tiens, Paul, dit-il, elle est pour toi, mon ami;
c'est ton premier objet d'art, il fera l'ornement de ta
chambre. Traite-le donc avec respect et ne le casse
pas en route.

Paul, tout pâle de joie, put à peine balbutier un
remerciement. Il lia avec des précautions infinies la
statuette sur son sac, et, de crainte des faux pas, se

mit à marcher tranquillement aux côtés de Rustique,
tandis qu'André reprenait ses allures vagabondes à
une grande distance en avant, pour montrer qu'il
n'avait plus peur.

Après un instant de silence, Paul, qui semblait
réfléchir profondément, se reprit à questionner Rustique.

— Vous m'avez dit, tout à l'heure, que cette statue
avait plus de deux mille ans, et en même temps vous
déclariez qu'il n'y en a pas de plus belle. On n'a
donc pas fait de progrès depuis ce temps-là?

— Ah! mon ami Paul, cette fois ce n'est plus comme
pour l'ours des cavernes. Les Grecs, quand ils ont
sculpté la Vénus de Milo, n'étaient pas des commen-
çants; ils n'avaient plus de progrès à faire; leurs
œuvres étaient tout à fait belles, et quand une œuvre
est parfaite, c'est pour toujours.

Comme tous les autres peuples, ils ont, eux aussi,
commencé par être des barbares, mais ils se sont vite
élevés au plus haut degré de civilisation. Par suite de
catastrophes que l'histoire nous raconte, ils furent
vaincus et envahis, une partie de leurs monuments détruite, leurs écoles fermées, leurs œuvres d'art anéan-
ties ou cachées sous les ruines, et les peuples barbares
qui leur succédèrent dans la domination du monde durent à leur tour apprendre, depuis le commencement,
les arts de la civilisation. Bien que cette tâche leur fût
rendue plus facile par la découverte de celles des œuvres anciennes qui avaient échappé à la destruction,
néanmoins ils ne surent pas immédiatement les imiter
et il leur fallut bien du temps pour arriver à être habiles à leur tour.

Nos pères étaient au nombre de ces barbares, étrangers à tout sentiment artistique et jusqu'au xie siècle
ils ne surent pas faire grand'chose d'artistique,
surtout en matière de sculpture.

Leur inhabileté était telle à cet égard que des rois
célèbres par leur puissance militaire, tels que Pépin

le Bref et Charlemagne, n'avaient pas d'ouvriers capables de graver leurs cachets et qu'ils étaient obligés de signer leurs actes avec des pierres travaillées autrefois par des Grecs ou des Romains, et portant des effigies d'empereurs romains ou de dieux grecs.

Cette impuissance dura longtemps et fit passer nos pères par bien des tâtonnements et des essais informes, avant qu'ils arrivassent à savoir sculpter une figure humaine.

Tiens, veux-tu savoir comment furent faites les premières sculptures en France?

— Certainement, mon cousin, si cela ne vous fati-

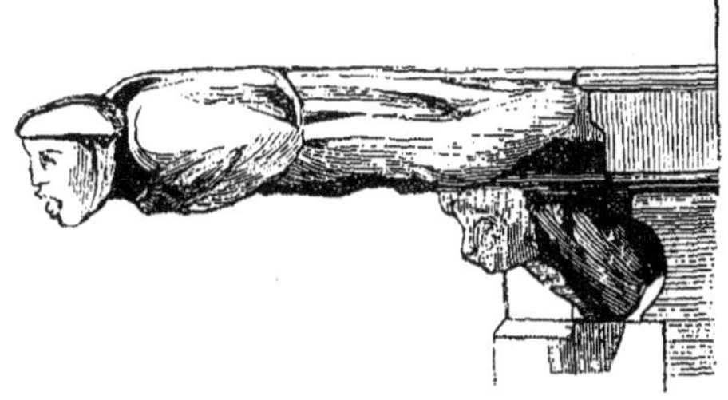

Une gouttière d'église ogivale.

gue pas trop de parler, car vraiment j'abuse de votre complaisance.

— Pas du tout, garçon; je craignais seulement de t'ennuyer; mais si cela t'intéresse, je continue.

Eh! bien, c'est en construisant les églises dont je parlais hier qu'on fut amené à sculpter.

Sous les ordres des architectes travaillaient des tailleurs de pierre chargés d'arrondir, de creuser les pierres de l'édifice et de leur donner la forme convenable; les plus habiles de ces ouvriers, ceux à qui l'on confiait les travaux les plus délicats, s'appelaient *tailleurs d'images*. C'est eux qui devaient façonner sur

les façades les corps des animaux, les branchages des
arbustes, les membres et les habits des personnages
qu'on avait pris l'habitude de ciseler sur les édifices
pour les orner plus richement. Parmi ces tailleurs
d'images on choisissait encore les plus adroits pour
leur faire sculpter la figure et les mains qui sont les
parties les plus difficiles à bien faire. Les premiers
sculpteurs n'étaient donc que des ouvriers dont on ne
retenait pas même les noms. D'ailleurs, toutes ces sculptures n'étaient faites que pour décorer les monuments :
on ne s'occupait pas de faire des statues qui fussent belles
par elles-mêmes, ni de représenter spécialement des
figures humaines. Aussi taillaient-ils tout ce qui pouvait paraître un ornement : plantes, animaux, dia-
bles et anges, aussi bien que les hommes. De plus,
toutes ces sculptures faisaient corps avec le monument; on ne pouvait les en détacher qu'en les bri-
sant, elles étaient pour ainsi dire simplement ciselées
dans la pierre.

— N'est-ce pas cette sorte de sculpture qu'on
appelle *bas-relief*?

— Oui, mon ami, on l'appelle *bas-relief* quand elle
n'est pas très saillante, et *haut-relief* quand elle se
détache beaucoup du monument.

Sans vouloir rire de nos ancêtres, je dois avouer
que leurs premiers essais de sculpture n'étaient pas
des plus beaux.

— Vous les avez vus ?

— J'ai vu quelques-uns des plus anciens dans l'église
de Vézelai, petite ville du département de l'Yonne; les
auteurs de ces ouvrages se sont bornés à sculpter des
personnages dont ils avaient pris le modèle dans des
peintures vues à Constantinople par les chrétiens de
la première croisade. Ils datent donc du XI° siècle.
Ce n'est que bien plus tard, au XIV° siècle, que l'on
commença à sculpter avec un certain talent. Ainsi on
voit à Paris, dans le cloître de Notre-Dame, une série

de bas-reliefs de cette époque, représentant une vie de
la Vierge, qui sont d'un excellent travail.

Mais le premier artiste vraiment digne de ce nom
qu'ait eu la France, est *Michault Columb*, né en 1431,
et mort en 1514, qui sculpta à Nantes le tombeau du
duc François de Bretagne, et décora de magnifiques
bas-reliefs le château de Gaillon, bâti sous Louis XII
par le cardinal d'Amboise.

Ces belles œuvres montrent que la France était
déjà prête à rivaliser
avec les pays voisins et
particulièrement avec
l'Italie, qui possédait les
meilleurs artistes de l'é-
poque.

— Comment! les bons
artistes n'étaient pas
chez nous?

— Non, mon ami, l'I-
talie était alors le peu-
ple le plus avancé dans
les arts, et tu entendras
souvent répéter les
noms de ses artistes;
tout le monde connaît
Léonard de Vinci, Mi-
chel-Ange, Benvenuto
Cellini; car ce sont de

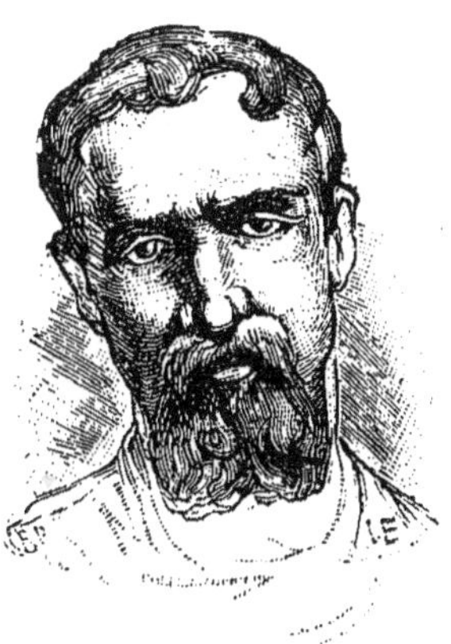

Michel-Ange.

grands génies, et l'Italie leur doit d'avoir été appelée
la mère des arts. Mais les nôtres ne sont pas non
plus à dédaigner, et plusieurs d'entre eux devinrent
célèbres même en Italie, notamment *Jean de Boulogne*,
né à Douai en 1524. Ce sculpteur passa toute sa vie à
Florence, et cette ville possède son fameux *Mercure*,
chef-d'œuvre de légèreté et de grâce. Et il n'était
pas le seul qui pût représenter avec éclat la sculpture française, car de son temps la France a connu
trois admirables sculpteurs qui n'ont rien à envier

aux étrangers : *Jean Cousin, Jean Goujon* et *Germain Pilon*.

Jean Cousin, né en 1500, près de Sens, et mort en 1589, était à la fois sculpteur, peintre, architecte et graveur, et excellait dans chacun de ces arts. La ville de Rouen s'enorgueillit de posséder une de ses œuvres, le tombeau du grand sénéchal de Normandie, Pierre de Brézé, et l'on peut voir au musée du Louvre un autre tombeau de lui, celui de l'amiral de Chabot, qu'un écrivain étranger a appelé le chef-d'œuvre de la sculpture au XIVe siècle.

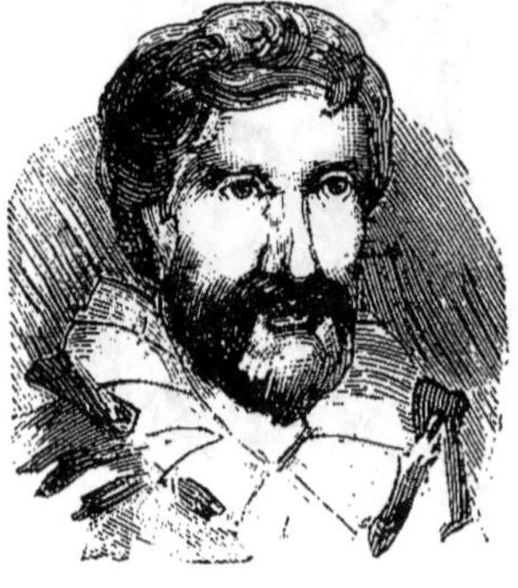

Jean Goujon.

Jean Goujon, né vers 1520, est peut-être le plus célèbre des trois ; on n'a pas tort de le comparer aux plus grands artistes grecs et italiens, et il n'est rien de plus gracieux et de plus délicat que les œuvres de son ciseau. Il a su rendre la pierre si souple que ses statues paraissent vivantes, et je ne connais pas une sculpture plus élégante et plus exquise que sa *Diane de Poitiers* qui est au Louvre.

Il a laissé beaucoup de bas-reliefs admirables, dont les plus connus sont ceux de la Fontaine des Innocents, à Paris, aujourd'hui dressée sur la place du Marché aux légumes, tout contre les Halles.

Quant à *Germain Pilon*, né en 1535, il vécut paisiblement jusqu'en 1590 ; il a sculpté de magnifiques tombeaux ; mais son œuvre la plus célèbre est un groupe de trois femmes soutenant un vase doré qui devait, dit-on, renfermer les cœurs réunis de Henri II et de Catherine de Médicis. On les appelle, je ne sais pourquoi,les *Trois Grâces;* d'autres veulent y voir les trois vertus théologales. De quelque nom qu'on les appelle, elles forment un groupe ravissant et c'est le principal.

Ces trois sculpteurs-là, mon petit Paul, sont des hommes exceptionnels et on les a appelés avec raison, pour bien marquer l'importance de leurs ouvrages, les fondateurs de la sculpture française.

— Il me semble, mon cousin, que grâce à eux nous avons déjà accompli de fameux progrès, depuis les bas-reliefs de Vézelai.

— Je crois bien; quand un pays a produit de pareils artistes, il n'a plus à envier les autres, d'autant que leur génie développe le goût des générations qui les suivent et échauffe le talent de leurs successeurs. Aussi le siècle suivant vit-il paraître beaucoup de sculpteurs de grand talent, tels que *Girardon,* qui, sous Louis XIV, a rempli de statues le parc de Versailles ; *Coysevox,* dont on admire le tombeau de Colbert dans l'église Saint-Eustache, à Paris, et surtout *Pierre Puget,* qui fut un homme de génie.

On considère Puget comme le plus grand des sculpteurs français et, à ce titre, il m'est permis de t'en parler plus longuement, d'autant plus que sa vie est instructive et peut servir d'exemple.

Puget est né à Marseille en 1622. C'était un enfant du peuple, et il commença par travailler à la construction des navires. C'est lui qui imagina de placer à l'avant des vaisseaux des statues colossales, des galeries dorées et toutes sortes d'ornements magnifiques qui en faisaient des œuvres d'art et dont on conserve quelques beaux modèles dans le musée de marine, au Louvre. Ce travail lui acquit de la réputation et il perfectionna ses études au point de devenir un très bon peintre et un excellent architecte, comme l'avaient été Jean Cousin en France, Léonard de Vinci et Michel-Ange en Italie ; car ces hommes exceptionnels font également bien tout ce qu'ils entreprennent. Néanmoins, c'est par ses œuvres de sculpture qu'il est resté célèbre, et, bien qu'il n'ait reçu aucune instruction et qu'il ne se soit jamais préoccupé d'étudier les modèles anciens, il a atteint, dans ses marbres, le plus haut degré possible de force et de puissance. Il travaillait avec une ardeur sans pareille et, tout au contraire des autres sculpteurs qui font dégrossir d'abord leur marbre par des ouvriers après en avoir indiqué à l'avance la forme générale, il attaquait ses blocs directement et en faisait sortir des statues dont l'attitude et les gestes sont si expressifs qu'elles semblent être animées.

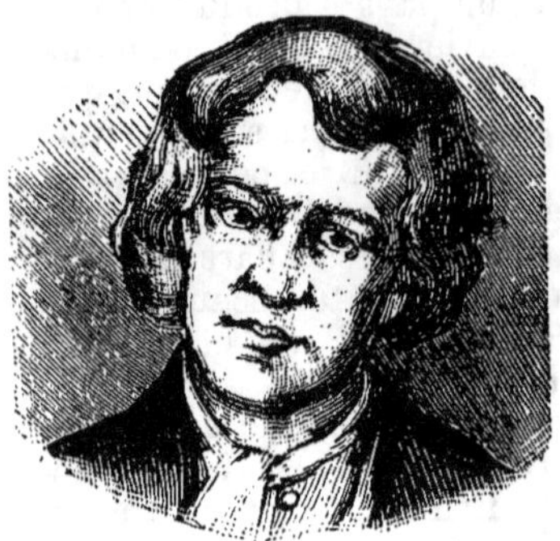

Pierre Puget.

Cette ardeur se peint dans une lettre qu'il écrivait au ministre de Louis XIV et où il dit : « *Je suis nourri aux grands ouvrages; je nage quand j'y travaille, et le marbre tremble devant moi, si grosse que soit la pièce.* »

L'une de ses œuvres les plus connues représente un lutteur vieilli dont les mains se sont prises dans un arbre qu'il voulait fendre et qu'un lion dévore tandis qu'il essaye en vain de se dégager. On appelle cette statue le *Milon de Crotone*. La rage et la douleur du malheureux qui se sent déchiré sans pouvoir se défendre sont si bien exprimées que la reine Marie-Thérèse ne put s'empêcher de s'écrier en le voyant : « Ah! mon Dieu! le pauvre homme! »

Puget mourut en 1694; c'est un des plus grands artistes de tous les temps et de tous les pays.

— Tu vois, mon petit Paul, que si la France avait été

lente à prendre sa place dans les arts, elle se l'était,
du moins, faite assez glorieuse.

— Après lui, mon cousin, avons-nous eu d'autres
célèbres sculpteurs?

— Une foule! Ainsi le xviii° siècle a produit les
frères *Coustou*, dont l'un a sculpté les superbes chevaux placés, à Paris, à l'entrée des Champs-Elysées;
Bouchardon, l'auteur de la fontaine de la rue de Gre-
nelle; *Pigalle*, dont Strasbourg possède une belle
œuvre, le tombeau du maréchal de Saxe, et surtout
Houdon, né en 1741, mort en 1828, dont le beau
buste de Molière et surtout la statue si célèbre de
Voltaire décorent le foyer du Théâtre-Français de
Paris.

Quand nous irons à Paris je te ferai voir ces chefs-
d'œuvre des siècles précédents, et aussi ceux de
notre époque.

Nous irons chez quelques-uns de nos sculpteurs
d'aujourd'hui qui valent bien les anciens, et qui sont
mes vieux amis. Je leur dois plus d'une visite, que
nous ferons ensemble, et tu trouveras chez eux l'occasion de t'instruire et d'admirer.

Rustique, échauffé à tous ces souvenirs, avait in-
soucieusement pressé le pas, sans s'apercevoir que
Paul était obligé, pour le suivre, de faire d'énormes
enjambées. Tout à coup, pris d'une idée subite, il
s'arrêta, regardant autour de lui d'un air inquiet

— Mais où diable est ton frère? je ne le vois plus.

— Il doit être en avant, nous ne l'avons pas dé-
passé!

Ils l'appelèrent d'une voix forte; un cri joyeux
leur répondit de loin. En quelques minutes, ils avaient
rejoint André, qu'ils trouvèrent assis sur un tronc de
sapin, rouge, les cheveux en désordre, hors d'ha-
leine.

— Mais tu es en nage! quelle idée t'a pris d'aller
si loin, petit? demanda Rustique.

— Ma foi, voilà une heure que je cours après un

maudit pivert qui me chante sous le nez en sautant d'arbre en arbre, et qui se sauve quand j'approche.

Oh! d'ailleurs, ajouta-t-il d'un air finaud, moi, je n'ai plus peur dans la forêt.

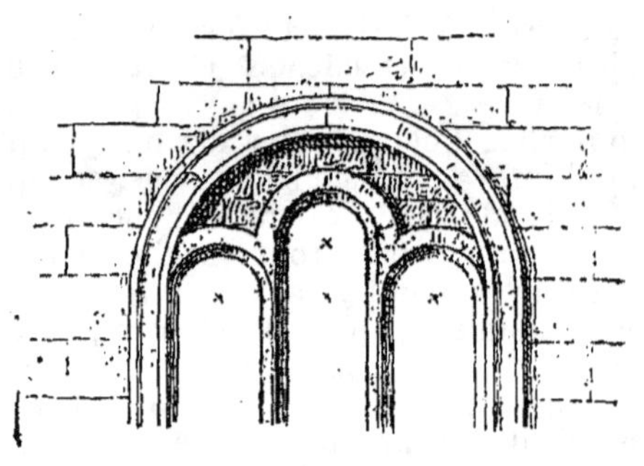

CHAPITRE VI

Une maladresse d'André.
Les vitraux, la faïence et la porcelaine.
Les émaux.

Les trois voyageurs avaient bien choisi leur jour
pour cette longue excursion, et ils eurent lieu de
s'applaudir de leur retour, car dès le lendemain le
ciel devint sombre, d'épais nuages se formèrent, un
vent violent s'éleva qui démolit quelques cheminées,
et tout finit par une pluie torrentielle qui dura près
d'une heure, inondant le jardin, changeant la cour en
étang et la rue en rivière.

Le torrent menaça bientôt d'envahir l'intérieur de
la maison en passant par-dessus le seuil trop bas, et
chacun dut prendre un balai pour lutter contre l'invasion. André fut magnifique d'intrépidité : chaussé des
sabots de Rustique, la tête couverte, pour braver la
pluie, d'un sac vide, armé d'un immense balai de
bouleau deux fois grand comme lui, il se multi-
pliait : on le voyait partout, et Rustique fut même
obligé de réprimer une ardeur intempestive qui le
faisait tenter des sorties et s'élancer audacieusement
au dehors pour porter des coups plus sûrs.

Cependant, la lutte ne cessa qu'avec la pluie, et certes la victoire fut chèrement achetée. Quand, à force de torchons, ils eurent pu étancher enfin le dernier des petits lacs formés au milieu de la chambre, nos héros semblaient sortir d'un bain. Aussi Madeleine dut-elle jeter un plein fagot dans la cheminée, et bien qu'il ne fît à coup sûr pas froid au dehors, chacun s'approcha du feu avec joie pour se sécher à la flambée.

Il fallait renoncer à sortir de tout le jour, et l'on chercha de quoi s'occuper dans la maison. Rustique prit une de ses toiles commencées et se mit à peindre. Paul étala sur la table un grand livre à images qui parlait des cathédrales de la France, et Madeleine, dont l'ouvrage ne chômait point, profita du bon feu pour mettre des fers à chauffer et commença un énorme repassage des chemises, mouchoirs, serviettes, et autres linges de la dernière lessive.

André
repoussant l'inondation.

Quant à André, il avait d'abord suivi la lecture de Paul par-dessus son épaule : puis, fatigué et voyant qu'il ne comprenait pas grand' chose aux descriptions dans lesquelles revenaient toujours les mots embarrassants de *nef, abside, ogive*, etc..., il alla distraitement regarder le travail de Rustique. Madeleine l'appela pour plier une nappe, et comme il n'avait plus rien à faire, il alla à la fenêtre, tambourina sur les vitres, s'étira, et étouffa deux ou trois bâillements.

Bref, il était désœuvré, et s'ennuyait. Il entreprit une promenade autour de la chambre, examinant l'un après l'autre tous les meubles. Il s'arrêta un moment devant l'horloge : c'était un grand coffre haut et long, de forme ancienne : un lourd balancier à disque de cuivre oscillait lentement derrière une petite fenêtre ronde, marquant sa course d'un tic-tac régulier. La grande aiguille passa sur midi. Il se fit un ronflement prolongé, et quatre heures sonnèrent. A chaque coup, une petite fenêtre s'ouvrait, et un oiseau se montrait en faisant coucou. L'heure sonnée, la porte se refermait avec un battement sec.

Ce n'était pas la première fois qu'André l'entendait, mais, de ce coup, il résolut d'examiner le mécanisme de plus près. Il se hissa sur une chaise, et comme il était encore trop petit pour atteindre à la hauteur du cadran, il y ajouta un tabouret, grimpa sur cet échafaudage improvisé, et plongea dans l'horloge un regard curieux.

On y voyait difficilement, la moitié des rouages étant cachés, et le pauvre André se donnait des tours de tête sans succès. Tout d'un coup, il fit un faux mouvement, le banc céda sous ses pieds, la chaise s'abattit : éperdu, il s'accrocha à une assiette pendue au mur, dont le clou se détacha sous le poids, et patatra, en un clin d'œil, André roula sur la fenêtre : les petits carreaux volèrent en éclats, le treillage de plomb se disloqua et l'on ne vit plus qu'une masse de débris s'écroulant avec fracas, et un corps piteusement renversé au milieu.

Chacun poussa un cri d'effroi et se précipita vers André. On le releva, on l'assit : Madeleine lui baigna les tempes, tandis que Paul lui faisait avaler quelques gorgées d'eau sucrée. D'abord tout étourdi de sa chute, André reprit rapidement ses sens; on s'aperçut alors qu'il avait eu plus de peur que de mal, et sauf une bosse au front, il était intact. Heureusement, son épaule avait seule touché la fenêtre, dont les carreaux étaient tombés au dehors, et il n'y avait pas de sang répandu.

Dès qu'il fut tout à fait remis, Rustique s occupa de constater les dégâts, qui semblaient considérables. Il fallut bien se rendre à l'évidence, le mal était sérieux. En outre du plat de faïence dont les morceaux jonchaient le parquet, tout un côté de la fenêtre était à peu près détruit. Une foule de petits losanges de verre gisaient dans la cour, le treillage de plomb était brisé en partie, et la force du choc avait disjoint ce qui n'était pas tout à fait rompu.

Le pauvre André, les larmes aux yeux, regardait son ouvrage avec désespoir; sa mine était si confuse et si désolée que Paul, n'y tenant plus, vint brusquement à lui et l'embrassa en le serrant avec force.

— Allons, console-toi, mon petit André ; maintenant que le mal est fait, il n'y a plus de remède. Il faut demander pardon à notre cousin, et être moins imprudent à l'avenir.

— Paul a raison, fit Rustique. Il ne s'agit plus de se désoler. Seulement, j'espère que cela te servira de leçon, et qu'à l'avenir tu choisiras des points d'appui plus solides.

Malheureusement, ta première maladresse ne sera pas facile à réparer.

— Si vous voulez, mon cousin, dit Paul, je vais courir chez le vitrier.

— Mon cher petit, le vitrier n'y ferait pas grand chose. Ces sortes d'ouvrages sont en dehors de son travail habituel. Il n'a pas ce qu'il faut pour réparer le dégât. Je vais être obligé d'écrire à Fontainebleau.

— Mon Dieu, mon cousin, s'écria André en fondant en larmes, je suis sûr que cela va coûter bien cher.

— Non, petit, rassure-toi. Dans ma fenêtre, la forme seule du vitrage diffère des autres, mais elle est faite en verre ordinaire, qui n'est pas bien coûteux.

Je ne m'en serais pas tiré à si bon compte, si j'avais eu des vitraux de couleur comme il y en a dans beaucoup de maisons, plus belles, il est vrai, que celle-ci, et comme nous en avons vu dans l'église de A***.

— Je croyais justement qu'il n'y avait œe ces vitraux
de toutes couleurs que dans les églises, interrompit
Paul.

— C'est en effet dans les églises qu'on a commencé
à les employer; mais si tu n'avais pas été interrompu
par la chute d'André, tu aurais vu dans ton livre
qu'ils ont servi aussi à orner les palais et les châteaux
d'autrefois, et qu'on en met aujourd'hui dans des
habitations particulières.

— Pourquoi donc les préfère-t-on aux vitres ordinaires, qui doivent donner bien plus de jour dans les
chambres?

— Ton livre te le dira bien mieux que moi.

— Ma foi, je vous avouerai que ce livre est un
peu trop savant, et que je ne comprends pas tout ce
qu'il dit, tandis que vos explications me disent tout
de suite ce qu'il faut.

— Ah! ah! mon gaillard, tu veux me faire parler.
Eh bien! puisqu'André nous a mis sur ce sujet, je
vais vous parler un peu des *vitraux*. Allons, André,
toi qui es maintenant de la partie, asseois-toi près de
moi, et écoute.

André rougit jusqu'aux oreilles et s'assit sans
répondre. Rustique, qui avait repris sa bonne humeur,
alluma sa grosse pipe.

— Vous saurez d'abord, mes enfants, que l'invention du verre ne date pas d'hier. Les anciens, c'est-à-
dire les Grecs, les Romains et même les Egyptiens,
connaissaient très bien sa fabrication. Ils savaient
faire des verres de toutes couleurs qu'ils employaient
dans leurs temples, à cause de leur ressemblance avec
les pierres précieuses. Après eux, cette industrie ne
périt pas, et elle ne tarda pas à être en honneur dans
notre pays. Toutefois nos premiers vitraux, extrêmement simples, n'étaient pas du tout des œuvres d'art.
Ils se composaient uniquement de petits morceaux de
verre de différentes couleurs enchâssés les uns auprès
des autres dans des rainures de plomb, et nos pères

se contentaient de l'agréable effet que produisaient
leurs combinaisons.

— Alors, mon cousin, si votre fenêtre, au lieu
d'avoir seulement des carreaux incolores, était faite
de petits losanges bleus, rouges ou jaunes, elle serait
pareille à ces premiers vitraux.

— A peu près. Plus tard les vitriers cherchèrent
à reproduire sur leurs fenêtres les ornements employés en architecture, et enfin ils se hasardèrent à
représenter des personnages. Les vitraux, au lieu de
rester une simple industrie, devinrent ainsi des
œuvres d'art, et la France en a produit d'assez beaux
pour que l'on puisse mettre leurs auteurs au nombre
de nos artistes nationaux.

D'ailleurs, cet art est parmi les premiers qui se
développèrent chez nous en même temps que l'architecture, car il paraît que les plus anciens vitraux
figurant des personnages furent exécutés au IX° siècle,
sous le règne de Charles le Chauve, pour l'église
Saint-Bénigne, de Dijon : ils représentaient le mar-
tyre d'une chrétienne.

Après ceux-là, on en connaît qui remontent au
XII° siècle.

— Où sont-ils, mon cousin?

— Dans la cathédrale d'Angers, dans l'abbaye de
Saint-Denis, dans la cathédrale de Bourges, et dans
celle de Lyon. Néanmoins, jusqu'au XIII° siècle, les
progrès furent lents. On ne savait pas encore bien
dessiner les personnages, et on n'osait composer
que de tout petits tableaux, bien inférieurs aux
immenses fenêtres coloriées que l'on fit plus tard.

— Mais, dites-moi, mon cousin, puisque les
vitraux étaient peints, comment laissaient-ils passer
la lumière.

— Voilà une très bonne observation, ami Paul :
elle prouve que tu sais réfléchir avant de parler.
J'allais précisément y répondre par avance, en te
disant ce qu'il faut entendre au juste par peinture

sur verre. Ne va pas te figurer qu'on étendait des couleurs sur une vitre comme je les étends sur une toile; ç'aurait été affreux, et on n'aurait pas vu clair.

Voici comment on s'y prenait.

Pour faire un vitrail, on découpait un châssis de la forme de la fenêtre; l'artiste y dessinait d'abord par un simple trait le contour des figures dont chacune devait fournir une pièce du vitrail; il les

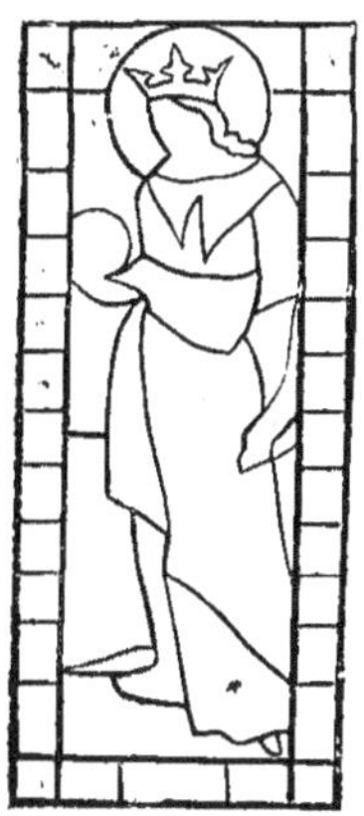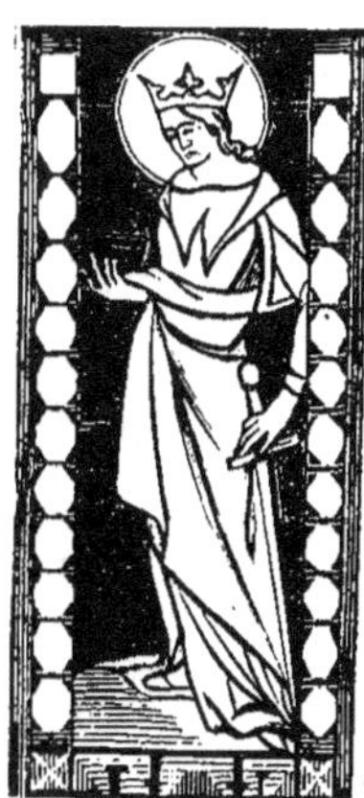

Vitrail commencé et vitrail fini.

découpait ensuite dans un second carton appliqué sur le premier et donnait ces découpures à l'ouvrier verrier qui taillait des vitres de même forme dans des plaques de verre de couleurs différentes. Pour faire tenir en place ces différents morceaux, on les enchâssait dans des baguettes de plomb à double rainure, pareilles à celles qu'André a si bien défoncées.

— C'était alors un vrai jeu de patience, dit Paul.

— Ta comparaison est très exacte, mon enfant.

— Je pense que tout ce travail devait coûter bien cher.

— Extrêmement cher, et pourtant nos églises sont remplies de vitraux admirables.

— Comment peut-il y en avoir autant, puisqu'on n'était pas riche autrefois?

— C'est que tout le monde concourait à les multiplier. Non seulement les riches abbés et les seigneurs y consacraient de grosses sommes d'argent; mais encore les différentes corporations d'ouvriers avaient à cœur de fournir chacune sa vitre ou son panneau de vitre, et c'était l'usage de figurer dans le bas du tableau les membres de la corporation qui l'avaient donné.

Ainsi, à la cathédrale de Rouen, on voit au bas des vitres offertes par les *poissonniers* des poissons exposés sur les tables, et des marchands qui les vendent; à Chartres, la corporation des *changeurs* est figurée par des hommes qui comptent de l'argent, celle des *bouchers* par un boucher qui tue un bœuf, celle des *cordonniers* par des personnages dont l'un taille le cuir et l'autre coud des souliers.

On y voit encore beaucoup d'autres industries représentées. A côté, d'autres vitraux portent de grands seigneurs revêtus de leurs armures et montés sur des chevaux richement harnachés. Ces peintures sont très précieuses pour nous, car elles donnent des renseignements excellents sur les costumes et les habitudes de l'époque.

C'est au XIIIᵉ siècle que les vitraux se sont le plus multipliés, comme c'est en ce siècle que l'on a construit le plus grand nombre de belles églises. Néanmoins c'est un peu plus tard, du XIVᵉ au XVIᵉ siècle que cet art s'est tout à fait développé, et qu'il a donné des chefs-d'œuvre. Il s'était d'autant plus perfectionné que tous les arts du dessin étaient alors en en grand honneur, et d'illustres artistes ne dédaignaient pas d'y employer leur talent, notamment ce

Jean Cousin que Paul connait déjà, et dont la cathédrale de Sens montre avec orgueil d'admirables fenêtres aux couleurs éclatantes.

Il y a même des artistes dont les vitraux sont si beaux que leur nom est venu jusqu'à nous, sans qu'ils aient fait pourtant d'autres ouvrages : tel *Robert Pinaigrier*, né en 1390, qui a laissé de merveilleux vitraux à Chartres, dans l'église St Père, et à Paris, dans les églises St Gervais et St Merry. La supériorité des Français dans cet art était si marquée qu'on les faisait venir jusqu'en Italie, en Allemagne et dans les Pays-Bas, pour décorer les églises.

Après le XVIe siècle, ce bel art tomba en décadence: d'une part, la mode était venue d'orner les églises de tableaux, et d'un autre côté, l'imprimerie avait amené l'usage des livres de prières inconnus jusqu'alors. Il fallut y laisser pénétrer une lumière plus vive, et on s'attacha de plus en plus à faire des vitraux clairs.

La peinture sur verre ne fut plus employée, à partir de cette époque, qu'à décorer certaines pièces des châteaux et des maisons riches; elle ne produisit que des œuvres de petite dimension. Cependant aujourd'hui, on s'est repris à cultiver cet art délicat et gracieux; la restauration des anciens monuments l'a remis en honneur, et dans beaucoup de maisons particulières on aime à enrichir de vitraux les fenêtres des appartements. Vous voyez que moi aussi j'ai cédé à ce goût, et il va m'en coûter un rhume de cerveau, car l'air pénètre le plus aisément du monde par la fenêtre défoncée et je commence à en sentir la fraîcheur.

— Il n'y a qu'à fermer le volet, mon ami, dit Madeleine qui finissait son repassage, la nuit va bientôt venir. On allumera la lampe tout de suite.

— Tu as raison, Madeleine, comme toujours.

Rustique se leva, ferma le volet, et tranquillisé vint se rasseoir dans son grand fauteuil.

Cependant Paul avait ramassé et rapproché les morceaux du plat de faïence, et il le considérait avec attention. C'était une sorte de grande assiette, assez épaisse, sur laquelle se détachaient des figures d'animaux rampants et de coquillages. Sur le fond, des lézards couraient, des grenouilles sautillaient, des serpents rampaient et des poissons semblaient nager dans un mince filet d'eau.

— Quel dommage qu'un si beau plat soit brisé, s'écria-t-il avec un soupir. Vous devez en avoir bien du regret, mon cousin.

— Rassure-toi, mon garçon : le mal n'est pas trop grand. Je retrouverai aisément un plat pareil, car bien qu'il ait son prix, ce n'est pourtant qu'un produit de l'industrie et non un objet d'art. Ah ! ce n'est pas comme celui qui fait pendant. En voilà un dont la destruction devenait irréparable !

Paul, étonné, regarda le plat que lui montrait Rustique et se promit de s'en tenir à une distance respectueuse.

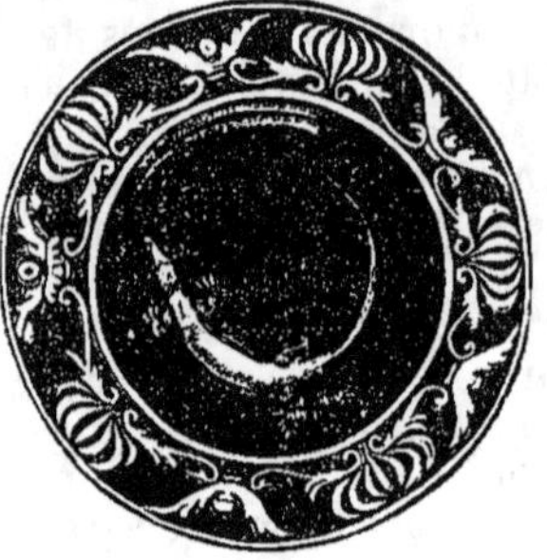

Un plat de Palissy.

Toutefois ce mot « objet d'art » l'avait surpris, et il ne put s'empêcher de dire :

— Je n'aurais pas cru qu'un simple plat pût être un objet d'art.

— Ne t'étonne pas, petit, le travail de la poterie, qu'on appelle *céramique*, a produit en France, comme d'ailleurs dans tous les pays, de très beaux ouvrages, et c'est une branche importante de notre art national. Du reste, tu dois bien savoir que dans tous les arts, la matière dont on se sert est bien peu de chose, et que, seul, le travail de l'artiste lui donne son prix.

Dans les mains d'un sculpteur comme Puget, un bloc de pierre devient un chef-d'œuvre de l'art admiré par des millions d'hommes : de même un verre fragile est plus précieux que l'or quand un Jean Cousin en a fait quelque vitrail. Il est donc tout naturel de reconnaître une œuvre d'art dans une assiette de terre cuite.

— Vous avez raison, mon cousin, je ne réfléchissais pas, et j'ai parlé étourdiment. Seulement, je crois qu'il faut déjà être instruit pour trouver du prix à une matière aussi commune que la terre cuite ; ainsi, moi, autrefois, j'aurais préféré assurément un plat en or à la plus belle de vos assiettes.

— Tu aurais fait tout comme les barbares qui ont dominé le monde après la chute de l'empire romain. A ce moment-là, les riches se couvraient d'or et de pierres précieuses pour prouver leur richesse; ils n'aimaient que les vases d'or ou d'argent; leurs monuments étaient pavés de marbre, et soutenus par des colonnes que couvraient des dorures. Ne sachant pas apprécier les choses qui étaient belles, ils pensaient montrer leur goût en recherchant les objets dont la rareté seule faisait le prix. Mais ce n'était qu'un goût de barbares.

Heureusement, ils devinrent plus intelligents, et leurs yeux, assouvis de ces richesses brutales qui n'offraient point de beauté, se plurent aux charmes artistiques d'une civilisation relevée, et c'est peut-être par la céramique que les produits de l'art pénétrèrent dans leur vie.

C'est ainsi que, pour remplacer les dalles usées de leurs temples, ils commencèrent à fabriquer des briques de terre rouge, recouvertes d'un enduit d'argile blanche sur lequel ils traçaient de légers dessins, fleurs, branchages, figures même. Ces briques, bien vernissées, étaient solides et résistantes et quelques-unes d'entre elles sont parvenues jusqu'à nous. On y voit des fleurs de lis, des trèfles, des rosaces, des étoiles et des soleils, et jusqu'à des guerriers couverts de fer qui courent l'un sur l'autre l'épée haute.

Dans l'abbaye de Voulton, près de Provins, à Saint-Etienne d'Agen, au Crotoy dans la Somme, à Cosne dans la Nièvre, dans l'Ain. dans le Calvados, et tout près de nous, à Fontainebleau, on peut voir encore des modèles de cette fabrication qui remonte au-delà du x° siècle. On conserve encore à la manufacture nationale de Sèvres le morceau d'un vase fabriqué en l'an 1120, et dont la surface vernissée porte des dessins délicats.

Dès le xii° siècle, la fabrication et le commerce de la poterie en France avaient pris un développement considérable, et nous possédons encore de nombreux exemplaires des travaux de cette époque.

— Comment des productions aussi fragiles ont-elles pu se garder jusqu'à nous? Cela me paraît surprenant, car il n'est rien de si facile que de casser un plat...

— N'est-ce pas, André? dit Rustique d'un air goguenard.

André sauta sur sa chaise; ses oreilles prirent la couleur des cerises mûres. Mais Rustique continua, sans paraître le voir :

— Eh bien! mon garçon, cela va te sembler drôle, mais s'il y a encore des pots de ce temps-là, c'est aux ivrognes que nous le devons.

— Ah ! voilà qui est fort, mon cousin. Les ivrognes me semblent mieux faits pour briser la vaisselle que pour la conserver.

— Tu as raison en général, petit, mais tu vas voir qu'il n'en est pas toujours ainsi. Au moyen âge, Paris n'était pas une grande ville, et la plupart de ses cabarets couvraient les rives de la Seine: cela fait que quand les clients avaient trop bu, ils jetaient les pots vides dans la rivière où on les a retrouvés de nos jours. Et voilà comment nous en possédons quelques-uns de très curieux.

Tout le monde éclata de rire, et Paul, qui ne manquait pas de malice, ajouta d'un air entendu :

— C'était peut-être pour que l'on ne sût pas ce qu'ils avaient bu ?

— Et éviter ainsi de payer leur dû, ajouta André, qui reprenait son sang-froid.

— C'est possible, appuya Rustique, bien que j'aie peine à croire que les marchands de ce temps-là aient été moins défiants que ceux d'aujourd'hui.

Mais, bref, toutes les fabriques dont sortaient ces poteries, et dont la plus célèbre était celle de Savignies, près de Beauvais, dans l'Oise, ne produisaient encore que des ouvrages inférieurs, quand survint au xvi° siècle un homme qui donna à la céramique le caractère d'un art de haute valeur, et que ses œuvres en ce genre suffisent à mettre au rang des plus grands artistes de la France, *Bernard Palissy*.

— Bernard Palissy? mais je le connais, dit Paul, je viens de lire son histoire (1),

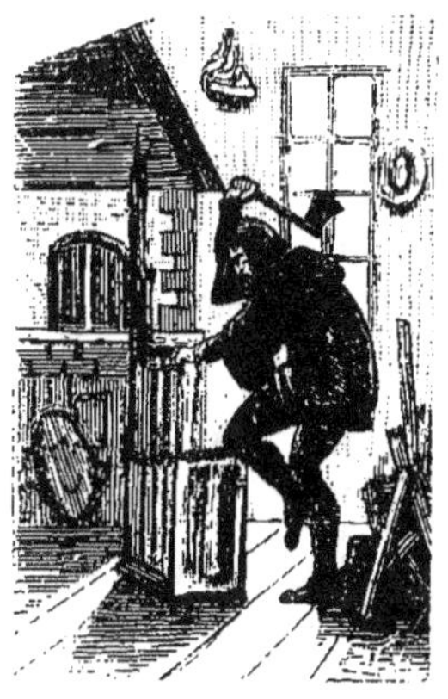

Bernard Palissy brulant ses meubles.

où l'on dit qu'il brûla sa maison pour chauffer le four dans lequel cuisaient ses poteries.

— Oh ! oh ! je crois que tu exagères, ami Paul. Mais s'il ne brûla pas sa maison, il n'en supporta pas moins des sacrifices incroyables pour arriver à son but, qui était de découvrir le secret des émaux italiens, c'est-à-dire les beaux vernis colorés qui recouvrent les plats de faïence. Il n'y parvint qu'au bout de seize ans, après

1. Voir *La patrie et les patriotes*, par A. Delplan.

une série de malheurs et d'échecs qui auraient désespéré dix fois un homme moins opiniâtre : il dut en effet brûler, non sa maison, mais les palissades de son jardin, ses tables et son plancher pour entretenir la chaleur de son four.

— C'est bien cela ! et ses voisins le croyaient fou.

— Mais il ne l'était pas, et, quand il eut réussi, il devint célèbre et fut chaudement protégé par la reine Catherine de Médicis.

— J'ai encore lu cela !

— Et as-tu lu aussi que c'est lui qui imagina ces plats admirables ornés de fleurs et d'animaux, dont celui qu'André a cassé n'était qu'une méchante imitation, car leur beauté n'a pas été égalée ?

— Oui, mon cousin ; seulement, on ne dit pas pourquoi ils sont beaux !

— Eh bien ! je vais te le dire, Ils sont beaux, à la fois parce que la faïence et l'émail en sont sans défaut, et parce que les animaux qui les décorent sont irréprochables de forme, et ne pouvaient être moulés que par un artiste de grand talent. Palissy ne reculait pas d'ailleurs devant la fabrication des plus grosses pièces, et on a de lui des figures entières moulées en faïence, qu'il appelait ses *rustiques figulines*, et dont le dessin et la forme ne sont pas indignes d'un Jean Goujon.

Maintenant si je te dis que le plat qui est là, du côté de la fenêtre où heureusement André ne faisait pas de gymnastique, est un ouvrage de Bernard Palissy, tu comprendras pourquoi j'y tiens comme à mes yeux, et pourquoi j'aurais considéré sa perte comme un malheur irréparable.

— Oh ! oui, mon cousin, et vous pouvez être bien sûr que nous nous tiendrons à l'avenir à bonne distance de celui-là.

— Et aussi des autres, mes enfants, ce sera plus prudent, car il y en a dans le nombre qui sont très précieux. Ils proviennent des anciennes fabriques de Rouen, d'Oiron, de Nevers ou de Moutiers, d'où sont sortis au xvi° et au xvii° siècle des ouvrages extrêmement beaux, car ces fabriques étaient de véritables ateliers artistiques.

Ce que je vous recommande par-dessus tout, ce sont les deux pièces que voici : l'une, qui est encadrée et préservée par un verre, est un émail de Limoges ; il n'est pas très ancien, mais il porte la signature de *Pénicaut*, qui fut une des gloires de Limoges au xvi° siècle, et dont les peintures émaillées sont recherchées aujourd'hui comme un des plus précieux produits de l'art français.

— Mais je trouve que c'est très vieux, le xvi° siècle, mon cousin, puisque nous sommes au xix°, interrompit André.

— Il est certain que mon émail n'est pas tout neuf, petit, mais il y en a de bien plus anciens. Les émaux de Limoges étaient déjà connus dès le xii° siècle; dans ce temps-là, on les incrustait, comme s'ils avaient été des pierres précieuses, sur les crosses des évêques, sur les croix, les ciboires, les vases de toutes sortes, les colliers, les coupes, les casques, les poignées d'épées.

— Alors ces émaux étaient tout petits ?

— Oui, mon ami, c'étaient de petits médaillons peints avec une finesse merveilleuse, et dont les couleurs ne pouvaient pas s'en aller, puisqu'elles avaient été fixées par le feu.

Quant à l'autre pièce, c'est, comme vous voyez, une simple assiette, mais elle est en porcelaine de Sèvres.

— Voilà une fabrique que je connais, mon cousin. N'a-t-elle pas été fondée par Colbert ?

—Non, mon enfant, c'est une erreur que l'on commet souvent. Ce n'est qu'en 1750, sous Louis XV, que la *Manufacture de Sèvres* a été fondée, et depuis cette époque elle n'a cessé de donner des œuvres de toute beauté. De grands artistes ont été employés à décorer de peintures les assiettes, les coupes, les vases magnifiques qui sortent de ses ateliers, et l'assiette que voici est l'œuvre d'un des plus célèbres peintres français du XVIII⁰ siècle, nommé *Fragonard*.

Donc, encore une fois, respectez tous ces vieux plats auxquels je tiens beaucoup, et dont heureusement cet étourdi d'André n'a brisé que le moins précieux.

A ce moment, Madeleine annonça le dîner, qui fut salué avec acclamation. La bataille livrée à l'inondation, les émotions qui avaient suivi la chute d'André, le long entretien du père Rustique avaient fortement tendu les esprits et creusé les estomacs. Aussi ce fut avec le plus vif plaisir que chacun rapprocha sa chaise, noua sa serviette à son cou, et plongea sa cuiller dans la bonne assiettée de soupe fumante que Madeleine avait servie.

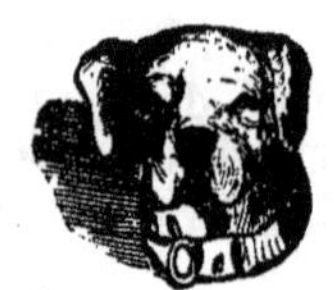

CHAPITRE VII

La peinture et ses origines. — Biographies de peintres.

On se leva de table, et Rustique, suivant son habitude, se disposa à sortir pour fumer, tout en causant, une pipe ou deux sous le grand noyer de la cour.

Mais, après quelques pas, il rentra en refermant vivement la porte.

— Brrr !.. fit-il avec un frisson, l'orage a rafraîchi le temps. Il ne fait pas bon dehors, mes enfants ; cherchons autre chose qu'une promenade pour passer la soirée.

— Nous pourrions jouer au besigue, dit Madeleine, qui avait un faible pour ce jeu facile, où elle gagnait généralement.

— Bonne idée ! La partie nous mènera bien jusqu'à neuf heures, après quoi il sera temps d'aller se coucher. André, donne-nous les cartes : Paul tiendra les comptes.

André courut chercher la boîte à jeu et la partie s'engagea.

Tout naturellement, Madeleine fit des *cinq cents* et des *cent d'as* tant qu'elle voulut, et retourna

tous les *sept* d'atout. En un tour de main, elle eut
gagné la partie, et tout l'enjeu d'André — un cent de
noisettes — y passa.

Or, André aimait beaucoup les noisettes, et puis, il
n'était peut-être pas très bon joueur, ce qui est toujours un tort. Il prétendit expliquer sa perte par toutes sortes de mauvaises raisons : il ne voyait pas
clair,..... on jouait trop vite,..... les cartes ne glissaient
pas !

— Comment ! elles ne glissent pas, s'écria Paul, elles
sont toutes neuves !

— Qu'est-ce que cela fait, si elles sont mauvaises?

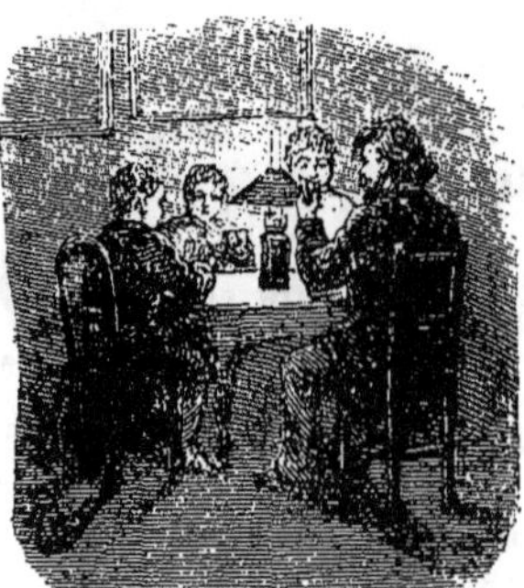

La partie de bézigue.

— Elles ne sont pas
plus mauvaises que les
autres. Toutes les cartes
se ressemblent.

— C'est pour ça qu'elles
sont si laides !

— Sur ce point, tu as
raison ; les figures n'en
sont pas des plus belles.

— Elles sont même
ridicules !

— C'est possible, mais
on ne cherche pas à les
faire belles ; ce ne sont
pas des peintures, j'i-
magine.

— C'en était autrefois.
— Quand donc cela?
— Quand on a inventé les cartes, pardi !
— Sais-tu seulement quand on les a inventées?
— Tiens, certainement ! je l'ai appris l'autre jour à
l'école ; c'est sous Charles VI, et l'instituteur nous a
très bien dit qu'on les peignait à la main.

Sur ce mot, André regarda son frère d'un air de
triomphe.

Paul, battu, ne put que baisser la tête sans répondre.

Rustique jugea le moment venu de se mêler à la conversation, dont il comptait faire sortir, comme d'habitude, un enseignement.

— Bravo! André, c'est très-bien! mais, puisque tu es déjà si savant, veux-tu en apprendre un peu plus long sur ce chapitre?

— Volontiers, répondirent à la fois les deux enfants, qui croisèrent leurs bras sur la table en se tournant vers leur cousin.

— Eh bien, mes amis, André se tromperait s'il croyait qu'autrefois toutes les cartes à jouer étaient plus belles que celles-ci. L'instituteur avait raison quand il lui a dit que les cartes de Charles VI étaient peintes à la main, mais André a eu tort de conclure qu'elles sortaient toutes des mains des artistes. Les cartes de Charles VI étaient des pièces de luxe et ce n'est pas étonnant, puisqu'elles étaient destinées à un roi. Mais celles dont se servaient les joueurs ordinaires s'imprimaient grossièrement à l'aide de plaques de bois gravées en creux et enduites de couleurs. Elles n'avaient rien du tout d'artistique. Quant à ces belles cartes à la main que pouvaient se procurer les grands et les riches, c'est autre chose.

Finement peintes sur du beau papier, elles représentaient des personnages splendidement habillés dont les attitudes variées composaient de véritables scènes, et chacune de ces cartes était comme un petit tableau.

Celles-là peuvent nous intéresser, car elles ne sont pas étrangères à l'art de la peinture et on en confiait l'exécution à de bons artistes.

Ainsi les cartes de Charles VI étaient dues au pinceau de maître *Jacquemyn Gringonneur*, que l'on disait un des plus habiles enlumineurs de son temps.

— Enlumineurs! Que veut dire ce mot? demanda Paul. Je ne l'ai jamais entendu.

— Ne t'en étonne pas; c'est un vieux mot que l'on emploie rarement, et, pour le comprendre, il faut

encore se rappeler son histoire. Voyons, André, à
quelle époque l'imprimerie a-t-elle été inventée?

— Je ne sais pas, mon cousin, je n'en suis encore
qu'à Charles VI et ce n'est, bien sûr, pas avant
lui.

— Et toi, Paul, le sais-tu?

— Oui, mon cousin; l'imprimerie a été inventée
par *Gutenberg* vers le milieu du XV° siècle; mais elle
n'a été connue en France que vers l'année 1469

Ce fut au tour de Paul de regarder triomphalement son frère.

— C'est cela même. Eh bien, avant l'invention de
l'imprimerie, comment faisait-on les livres?

— On les écrivait à la main, ce qui était très long.

— Et pourquoi était-ce si long?

— Parce qu'il fallait les rendre très lisibles et, par
conséquent, les écrire parfaitement bien.

— Sais-tu qui les écrivait?

— Non, mon cousin.

— Je vais te le dire; ceux qui s'adonnèrent primitivement à ce travail furent les moines; c'était une
de leurs occupations favorites, et il y avait dans la
plupart des couvents une salle spéciale où les religieux passaient leurs journées à faire des copies
des livres les plus précieux; on appelait ces copies
des.....

— Manuscrits!

— Très bien, ami Paul. Or, ces manuscrits, dont
la longueur et la difficulté du travail faisaient des
objets rares, ne pouvaient pas être vendus à tout le
monde comme les livres d'aujourd'hui!...

— Ils auraient coûté trop cher.

— Bien certainement. Aussi, comme ils devaient
rester dans les riches bibliothèques des monastères
ou passer dans les mains des rois et des grands qui
s'en faisaient honneur, on prit l'habitude de soigner
de plus en plus leur exécution et on arriva peu à peu
à un luxe splendide

C'est ainsi qu'on voit des manuscrits écrits en lettres d'argent ou d'or sur une sorte de peau très fine, appelée *vélin*, que l'on teignait souvent en couleur pourpre. Quelquefois même les premières lettres du titre, ou des chapitres étaient faites d'une broderie de perles ou de pierres précieuses.

— Que cela devait être beau ! s'écria André !

— C'était très beau, mes enfants, comme on peut s'en convaincre en voyant ceux de ces manuscrits qui subsistent encore ; mais, en somme, il n'y a là qu'une beauté assez vulgaire, puisqu'elle consiste uniquement dans l'emploi de matières précieuses.

On sut bientôt donner aux manuscrits un genre de beauté plus artistique en les décorant de dessins et de peintures. A chaque page, dans les marges ou dans les grandes lettres des titres, on peignait à la main des

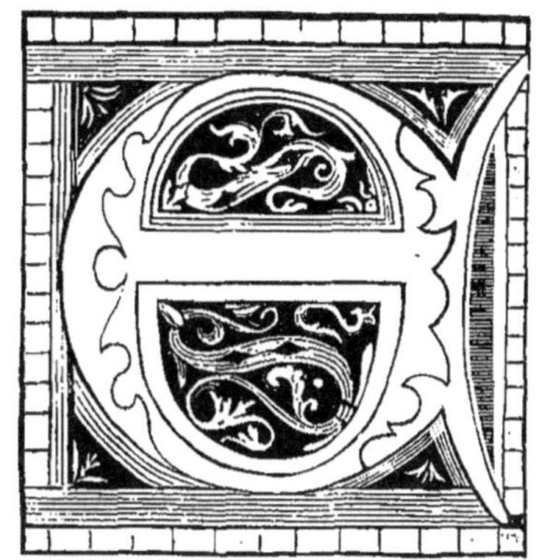

Une lettre ornée de manuscrit.

plantes, des animaux et même des personnages. La page d'écriture s'encadrait, par exemple, dans une guirlande de sarments de vigne, d'où vient l'expression *vignette*, qui s'applique aujourd'hui encore aux gravures des livres ; parfois, des processions de personnages se développaient dans le haut des pages. Toutes les figures étaient peintes de couleurs éclatantes et harmonieuses avec une extrême finesse, et l'on peut se faire une idée de la variété des sujets imaginés par l'artiste en examinant le *livre d'Heures* de la reine *Anne de Bretagne*. Dans cet admirable manuscrit, l'un des plus précieux que possède la *Bibliothèque nationale* de Paris, les marges sont ornées, à chaque page, de figures de plantes différentes, avec l'insecte qui s'en nourrit, et de peintures isolées qui représentent la Passion de Jésus-Christ, la vie de Sainte Anne et les travaux des douze mois de l'année.

— Et c'étaient toujours les moines qui faisaient ces beaux ouvrages?

— Pendant longtemps ils furent seuls capables de les exécuter; mais, à partir du XIII° siècle, il se forma une corporation laïque de *maîtres écrivains* qui rivalisa avec les religieux, et jusqu'à l'époque de l'invention de l'imprimerie, laïques et clercs produisirent à l'envi d'admirables ouvrages qui peuvent être considérés comme les premiers monuments de la peinture en France. C'est d'ailleurs dans notre pays que se développa le plus parfaitement l'art de la décoration des livres, et c'est un mot français qui désigne les peintres de manuscrits; c'est ce mot que j'ai prononcé tout à l'heure et dont vous avez maintenant l'entière explication.

— Enlumineurs! dirent à la fois les deux enfants.

— Oui, mes enfants, on dit aussi *miniaturistes*, et les peintures qu'ils ont faites s'appellent indifféremment *miniatures* ou *enluminures*.

— Quels sont les plus célèbres de ces artistes? demanda Paul, qui avait la manie de collectionner les noms propres.

— Pendant longtemps, en signe d'humilité, ils ne signèrent pas leurs ouvrages, et on en connaît très peu par leurs noms; je ne puis guère vous citer que le moine *Museignols* qui resta sept ans enfermé dans les combles du Châtelet de Paris pour achever un manuscrit.

— Sept ans! Il lui fallait de la persévérance.

— Qu'est-ce donc, à côté de cet autre moine qui mit trente ans à copier un seul ouvrage?

— Trente ans! mais c'est toute une vie!

— Je vous l'ai dit, mes enfants; la besogne était longue et minutieuse et nous devons de la reconnaissance à ces hommes dont les veilles laborieuses nous ont conservé les précieux livres de l'antiquité, qui ont commencé à cultiver en France les arts du dessin et en ont répandu le goût, non seulement par l'illustration des livres, mais par toutes sortes d'autres ouvrages dont les moindres sont les cartes à jouer.

Nous possédons des miniatures du moyen âge qui, dans leurs dimensions réduites, sont de véritables tableaux. On cite parmi les plus belles celles de *Jehan Fouquet*, né à Tours en 1415, mort en 1485. Ce grand artiste a enrichi de remarquables peintures un manuscrit des œuvres de l'historien romain *Tite-Live*, aujourd'hui à la Bibliothèque nationale. Il y a représenté des scènes dramatiques, des batailles, des assemblées, peintes avec un art extrêmement remarquable.

— Dans ce temps-là, on ne faisait pas encore de grands tableaux.

— Non, mon enfant, mais on n'a pas tardé à apprendre à en faire. Après les peintures des manuscrits sont venues les peintures des meubles. On peut voir dans le *Trésor* des églises de Bayeux et de Noyon des armoires assez grandes dont les panneaux sont ornés de peintures du xiiie siècle; sur le fond du panneau est appliquée une couche de couleur *rouge* sur laquelle les personnages représentés se détachent en *blanc*.

Les meubles peints, qui offraient à l'artiste une surface déjà assez considérable, étaient très communs à cette époque, et, de même que les riches d'aujourd'hui tirent vanité de leurs tableaux, de même ceux d'autrefois montraient orgueilleusement leurs coffrets ou leurs armoires fermées de volets qui, en s'ouvrant, laissaient voir des peintures de scènes religieuses parmi lesquelles il s'en trouve de fort belles.

Bientôt on se hasarda à peindre sur les murs intérieurs des églises de grands tableaux comprenant de nombreuses figures; de ce jour, la véritable peinture était fondée.

— Existe-t-il encore de ces peintures?

— Oui, les murs de l'église de *la Chaise-Dieu*, en Auvergne, sont décorés de très vieilles peintures représentant la *Danse des Morts* et qui sont réputées comme l'une des plus belles productions du xvᵉ siècle.

— On devrait apporter ces peintures-là dans un musée, s'écria André.

— Mais on ne peut pas, répondit Paul, puisqu'on te dit que c'est peint sur la muraille.

— Et vous voyez par là, mes enfants, que, malgré ses progrès, la peinture ne servait encore qu'à compléter l'œuvre des architectes; elle ne devait pas sortir de la place qui lui était assignée dans le monument qu'elle décorait et, de même que les statues étaient le plus souvent sculptées dans la maçonnerie même de l'édifice, de même la peinture était appliquée sur ses murailles ou sur ses boiseries.

Il ne faut donc pas comparer ces vieilles peintures aux tableaux d'aujourd'hui, qui peuvent être transportés d'une demeure dans une autre et qu'il suffit d'un clou pour accrocher où il plaît.

— A quelle époque a-t-on commencé à peindre des tableaux comme ceux d'à présent?

—Seulement à la fin du xvᵉ siècle. A cette époque, la France commença à posséder de véritables peintres, c'est-à-dire des artistes qui se rendirent indépendants des architectes et consacrèrent leur talent à représenter, sur des toiles mobiles, des personnages ou des scènes animées.

Dès ce moment, l'Italie possédait déjà de grands peintres, car elle nous avait précédés dans tous les arts...

— Excepté dans l'architecture, n'est-ce pas?

— Oui, excepté dans l'architecture, et ce furent les

peintres italiens qui servirent aux nôtres de modèles et de maîtres.

— Comment se nomment les plus anciens peintres français?

— Ce sont les *Clouet*, qui, de père en fils, pendant tout le XVIᵉ siècle, furent chargés des portraits de la plupart des grands personnages de l'époque.

Presque en même temps, l'illustre *Jean Cousin*, que vous connaissez déjà, fit faire à la peinture française des progrès considérables. Cet admirable artiste est représenté au Musée du Louvre par un magnifique chef-d'œuvre, le *Jugement Dernier*, dont un écrivain a dit : « On peut peindre autrement, mais on ne saurait mieux peindre. »

Lui seul, en ce temps-là, peut être comparé sans désavantage aux artistes italiens. Il mourut, comme vous savez, en 1589, et, pendant près d'un quart de siècle, la France ne compta plus de peintres véritablement supérieurs.

— Pourquoi donc, mon cousin? demanda Paul d'un air désolé.

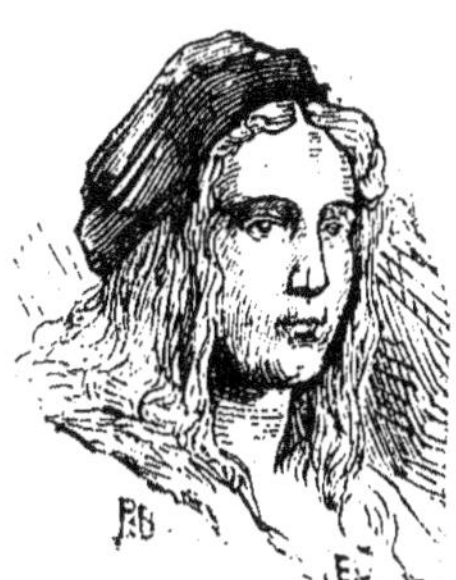

Raphaël.

— Parce que les étrangers, et surtout les Italiens, possédaient de si bons artistes que les nôtres ne pouvaient rivaliser avec eux. Alors, ils allaient étudier la peinture en Italie et ne savaient qu'imiter leurs maîtres.

— Quels sont donc ces grands peintres italiens?

— Tu connais déjà *Michel-Ange, Léonard de Vinci*, dont je t'ai cité les noms hier. Il faut y ajouter *Raphaël, Corrège, Paul Véronèse, Titien*, et une foule d'autres dont la liste serait trop longue.

Ces Italiens ont été les plus grands peintres du

monde et il n'a jamais existé d'artistes français qui leur aient été supérieurs.

— Quel dommage d'être obligés d'aller jusqu'en Italie pour voir leurs tableaux ! J'aurais été bien content de les connaître !

— Qu'à cela ne tienne, mon ami ; la France possède beaucoup de leurs œuvres, et non pas des *moins belles*. Tu pourras voir à Paris, au musée du Louvre, la *Sainte-Famille* de Raphaël, *l'Ensevelissement du Christ* du Titien, *l'Antiope* du Corrège, les *Noces de Cana* de Véronèse, et bien d'autres tableaux que tout le monde admire.

— Mais, mon cousin, il vint sans doute une époque où les Français furent assez habiles pour n'avoir plus besoin d'étudier auprès des étrangers.

— Oui, mon ami. Nos peintres, comme nos sculpteurs l'avaient fait déjà, profitèrent assez bien des leçons des étrangers pour pouvoir produire à leur tour des œuvres remarquables ; alors, les plus célèbres ouvrirent des écoles d'où sortirent d'illustres artistes, et, s'ils *continuèrent* à *visiter* l'Italie, ce fut pour voir et étudier les belles œuvres des grands peintres morts, et non plus pour suivre les leçons des maîtres encore vivants.

— A quel moment cela arriva-t-il ?

— C'est vers 1630 qu'un peintre français, *Simon Vouet*, qui avait étudié la peinture *en Italie* et dont les œuvres étaient fort recherchées, ouvrit à Paris une école devenue promptement célèbre. Il forma une foule d'artistes habiles dont la plupart sont restés plus célèbres que leur maître. Parmi eux, je puis citer *Lebrun*, qui a peint surtout des tableaux de batailles et représenté à Versailles l'histoire de Louis XIV ; *Mignard*, qui a orné de grandes peintures l'intérieur de l'église du Val-de-Grâce, à Paris, *Eustache Lesueur*, le plus grand des trois et qui, né dans la condition la plus humble, admis par charité **dans l'atelier de Vouet**, obligé plus tard, pour vivre, d'exécuter des médaillons pour des couvents et des dessins pour les libraires, est devenu l'une des gloires de notre pays et a mérité qu'on le surnommât *le Raphaël français*.

— Où peut-on voir ses œuvres, mon cousin?

— Le musée du Louvre, à Paris, possède une série de tableaux admirables, représentant divers épisodes de la vie de *saint Bruno,* et qui sont regardés comme les plus beaux qu'il ait faits.

— Je serais bien content de les voir, car j'aime déjà beaucoup ce peintre que sa pauvreté n'a pas empêché de devenir un grand homme.

— Oh! mais il n'est pas le seul, mon petit Paul. Bien d'autres enfants du peuple sont, comme lui, devenus de grands artistes et ont pu trouver, dans l'admiration de la postérité, la récompense de leur persévérance et de leurs efforts. Sachez bien que le goût des arts n'est pas le privilège de quelques-uns; la richesse ou la naissance n'y sont pour rien, et le plus humble des artisans, le dernier des laboureurs, peut éprouver, à contempler une belle chose, autant de plaisir que le plus fortuné des collectionneurs.

— Oh ! cela est bien vrai, mon cousin. Ainsi, moi, qui ne suis qu'un pauvre enfant, je me trouve aussi heureux que personne de voir les belles choses que vous m'apprenez à connaître.

— Eh bien ! mon ami, les grands artistes sortis du peuple ont commencé ainsi; c'est le plaisir qu'ils éprouvaient tout enfants à la vue des beautés de l'art qui leur a inspiré le désir de s'essayer à les reproduire à leur tour et leur a permis de révéler le talent ou le génie qu'ils avaient en eux. Souvent, ils ont eu grand mal et lourde peine, il leur a fallu vaincre bien des difficultés; mais l'énergie et la persévérance surmontent tous les obstacles.

Le récit de la vie de quelques grands artistes vous apprendrait mieux que toutes mes réflexions que, si la gloire s'achète souvent au prix de cruelles épreuves, du moins ceux qui sont bien doués peuvent y atteindre en dépit de tout.

— Racontez-nous-en quelques-unes, mon cousin, s'écrièrent les deux enfants.

— Eh bien! Paul, prends le livre que voici. Il contient la biographie des grands artistes français. Tu nous liras toi-même, à haute voix, les récits que je t'indiquerai.

Paul prit le livre, l'ouvrit à la page désignée et se mit à lire d'une voix claire, sans nasiller, en s'efforçant, comme on le lui avait appris à l'école, de bien comprendre ce qu'il lisait et de le faire comprendre à son tour à ses auditeurs.

Vie de Jacques Callot.

« Jacques Callot, né à Nancy en 1592, et mort en 1635, appartenait à une famille noble, et sa naissance le destinait à être soldat, car, en ce temps, l'état militaire était celui que la noblesse estimait le plus. Mais, dès son enfance, il manifesta d'une manière extraordinaire son goût pour le dessin et pour la gravure. C'est au point qu'à l'école, au lieu d'apprendre ses leçons et de faire ses devoirs, il passait son temps à dessiner tous les objets qui l'entouraient. »

— Tiens! interrompit André, j'ai eu un camarade qui lui ressemblait. Il passait ses journées à élever des hannetons ou des vers à soie. Seulement il était toujours puni.

— Et avec raison; il n'est pas à présumer que ton camarade devienne jamais un grand homme. Voyez-vous, au fond, il vaut encore mieux apprendre ses leçons, et ce n'est pas parce qu'il était mauvais écolier que Callot est devenu célèbre.

Continue, Paul.

« Callot n'avait pas douze ans lorsqu'il vit partir pour Rome un camarade plus âgé qui allait apprendre la peinture; il voulut le suivre et demanda la permission à ses parents, qui la lui refusèrent. Désespéré, l'enfant se décida à n'en faire qu'à sa tête, et s'échappa de la maison paternelle. Une troupe de bohémiens qu'il rencontra l'emmena jusqu'à Florence. »

—Comment ! il n'hésita pas à se confier à des bohémiens rencontrés sur la route ! s'écria André, tout étourdi de ce trait d'audace.

—Mon Dieu ! mon garçon, il y avait peut-être parmi eux quelques petits marchands de statuettes, répondit Rustique avec bonhomie. Or, tu sais à quel point leur rencontre est rassurante...

Jamais pivoine ne revêtit des couleurs plus éclatantes que les joues d'André, qui ne sut quoi répondre et, dès lors, ne souffla mot.

Paul partit d'un franc éclat de rire et dut s'arrêter dans sa lecture. Quand il reprit, au bout d'un moment, sa voix en avait encore des soubresauts.

« Il alla aussi jusqu'à Rome, où il resta près d'un an ; forcé de revenir en France, il s'enfuit encore l'année suivante et retourna en Italie. Mais, cette fois, il y rencontra son frère aîné, qui le ramena d'autorité à Nancy, où il dut rester bon gré, mal gré. Enfin, à force de prières, son père, vaincu par une vocation si décidée, consentit à le laisser recommencer un troisième voyage qui, cette fois, fut largement utilisé.

« Parti avec un gentilhomme qui se rendait en ambassade auprès du pape, le jeune Callot put être placé dans l'atelier d'un bon artiste, et il travailla avec la plus grande ardeur. Il ne revint en France qu'en 1620, précédé d'une réputation glorieuse et sûr de son talent de graveur. Les plus grands personnages du temps le chargèrent de reproduire leurs actions, et en peu d'années il donna une quantité d'ouvrages remarquables, pleins de verve et de gaieté.

« Les étranges péripéties de sa jeunesse lui ont inspiré des scènes tumultueuses dans lesquelles s'agitent de nombreux personnages. Il s'est plu à représenter des gueux, des mendiants, dans tous les détails tristes ou

gais de leur vie quotidienne. Les titres de ses principales compositions en indiquent suffisamment l'esprit.
Ce sont les *Foires*, les *Misères de la guerre*, les *Supplices*, les *Gueux*, le *Massacre des Innocents*, la *Ten-
tation de saint Antoine*.

«On trouve ainsi dans l'œuvre de Callot, qui se com-
pose de plus de 1500 pièces gravées, le résumé des
mœurs de son temps, et, ce qui en fait l'originalité,
c'est qu'au lieu de se borner à représenter, comme la
plupart des artistes de la même époque, les grands
personnages, il a fait revi-
vre sous son crayon les petites gens, tout le peuple
des villes et des campagnes,
que l'on affectait de négliger avant lui.

« C'est un des artistes
les plus originaux que la
France ait connus, et l'un
des plus instructifs à étudier. »

La lecture finie, Paul
resta un moment silencieux.

— Eh bien, ami Paul, à
quoi penses-tu? demanda
Rustique.

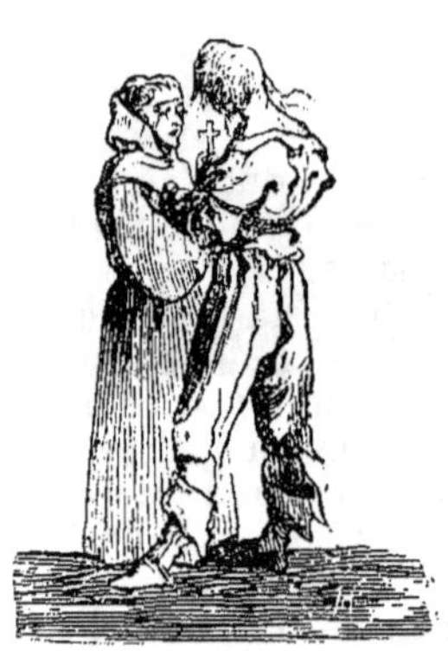

Un dessin de Callot.

— Je pense qu'en effet
Callot a bien mérité de devenir célèbre, mais je vois
aussi combien il faut faire d'efforts pour acquérir le
vrai talent.

— Voilà une vérité dont tu trouveras plus d'une
autre preuve, mon garçon, et, sans aller plus loin,
lis nous encore la vie de *Poussin*, qui est à la page
suivante. D'ailleurs, tu lis très bien et c'est un plaisir
de t'entendre.

Paul rougit au compliment et continua :

Vie de Poussin.

«Nicolas Poussin, né en Normandie, près des Andelys, en 1594, est un des plus grands peintres français.

« Sa vocation se décida de bonne heure; tout enfant, il s'ingéniait à dessiner; le dessin était pour lui une occupation si exclusive qu'il désespérait son père, dont l'intention avait été d'en faire un écrivain. A dix-huit ans, il vint seul à Paris, pour étudier la peinture. Pendant onze ans il y vécut dans la misère, passant son temps à copier les dessins des grands peintres italiens. Il put cependant être employé dans la décoration de quelques édifices religieux et parvint à trouver une occasion de faire le voyage de Rome. Là, dans la plus extrême pauvreté, ayant à peine de quoi acheter des toiles et des couleurs, il s'obstina à travailler obscurément pour lui-même, ne livrant rien au public, étudiant profondément les œuvres des grands maîtres, se nourrissant de lectures de la Bible, des historiens et des poètes.

« Blessé au milieu des troubles de la guerre par des soldats furieux, puis atteint d'une grave maladie, il ne perdit point courage, et, confiant dans son talent, il exécuta une série de tableaux qui le mirent à la tête des peintres de son temps, et parmi lesquels on remarque la *Peste des Philistins* et la *Manne*, qui sont au Louvre.

« En 1637, Richelieu l'appela à Paris en le nommant peintre du roi; il fut alors traité avec honneur, logé aux Tuileries, et reçut des commandes importantes. Les meilleurs artistes, tels que Lesueur et Lebrun, le consultaient avec respect. Il passa à Rome les dernières années de sa vie, pendant lesquelles il composa ses plus belles œuvres, les *Quatre saisons*, le *Diogène*, les *Bergers d'Arcadie*, qui sont au Louvre.

« Travailleur infatigable, il a peint plus de 300 tableaux. On admire en lui l'élévation de la pensée, la pureté du dessin, la belle ordonnance du sujet. On l'a surnommé le *Philosophe de la Peinture* et le *Peintre de la Raison.* »

— Pour cette fois, voilà les Italiens rattrapés! s'écria Paul en terminant. Ce beau peintre-là est bien sûr aussi grand qu'eux.

— Oh! tu vas un peu vite dans ton admiration, petit. Mais si l'on ne peut pas dire que Poussin à lui seul puisse être mis en balance avec les grands génies que l'Italie avait produits, nous pouvons tout au moins reconnaître qu'il tient auprès d'eux un rang fort honorable et que son nom peut être prononcé à côté des plus grands.

— Mais nous avons encore bien d'autres peintres illustres, n'est-ce pas?

— Assurément, mon ami, la peinture n'a pas dégénéré en France, et, si nous tenons aujourd'hui le premier rang dans cette branche de l'art, c'est grâce aux efforts que, depuis le XVIIe siècle, nos artistes ont faits pour exceller dans tous les genres de la peinture et égaler leurs devanciers des autres nations.

— Tiens! je ne savais pas que la peinture avait plusieurs genres, interrompit André.

— Cela n'est pas étonnant, tu n'écoutes jamais ce qu'on dit, répliqua Paul aussitôt.

— Eh bien, dis-le donc, toi qui entends tout.

— Certainement; il y a le genre qui consiste à peindre des personnages historiques, dans de grands tableaux. Et puis il y a la peinture des paysages, comme celle de notre cousin, et puis encore beaucoup d'autres......

— Là, tu n'en sais guère plus que moi, tu vois bien!

— Oh ! si je voulais !

— Qu'est-ce qui t'empêche de vouloir ?

— Pardi! je ne sais comment m'exprimer, mais je

sais très bien qu'il y a beaucoup de genres différents en peinture.

— Allons, je vais vous les indiquer, interrompit Rustique, que les fréquentes petites discussions entre les deux frères ne faisaient qu'amuser, car elles ne dégénéraient jamais en disputes; écoutez bien tous deux.

Il y a un genre de peinture qui consiste à représenter sur de grandes toiles des personnages de grandeur ordinaire; dans ce genre, le peintre reproduit des scènes religieuses ou historiques; on voit dans son tableau des saints, des rois, des guerriers; tantôt il prend son sujet dans l'antiquité, comme Poussin quand il peignait les *Hébreux dans le Désert*, tantôt dans son siècle, comme Lebrun quand il représentait les guerres de Louis XIV. On appelle ce genre *peinture d'histoire;* c'est le plus estimé et celui qui a produit les plus grands chefs-d'œuvre.

Il existe un autre genre qui comprend de plus petits tableaux dans lesquels les personnages sont généralement moins grands que nature; on les figure dans toutes les actions de la vie ordinaire et dans tous les costumes; le peintre cherche alors à être spirituel, pittoresque, à bien reproduire tous les détails d'intérieur, d'ajustement, de mode, auxquels donne lieu son tableau. Il prend les gens autour de lui dans leurs occupations journalières; souvent il peint une simple anecdote; les tableaux de cette sorte sont très nombreux de nos jours; c'est ce qu'on appelle la *peinture de genre.*

— Alors, mon cousin, si vous vous étiez amusé à nous peindre tantôt pendant que nous travaillions à repousser l'eau et que tout le monde riait de si bon cœur, vous auriez fait de la *peinture de genre?*

— Oui, mon petit Paul, ton exemple est bien choisi.

— Et la peinture de paysage comme la vôtre, mon cousin?

— C'est encore un genre différent, mes enfants ; il en comprend même plusieurs autres, tels que la *peinture de marines*.

Enfin, on distingue la peinture de *portraits*, que je n'ai pas besoin de vous définir. C'est là un genre de peinture très difficile et qui a produit des chefs-d'œuvre.

— Ma foi, mon cousin, voilà une chose que je suis bien aise d'avoir apprise, s'écria Paul, mais je voudrais savoir quel est celui de ces genres de peinture où les peintres français ont le mieux réussi.

— Oh ! petit, la réponse serait difficile à faire, car, ainsi que je l'ai dit, à partir du XVII° siècle, tous les genres ont été cultivés en France avec le plus grand succès.

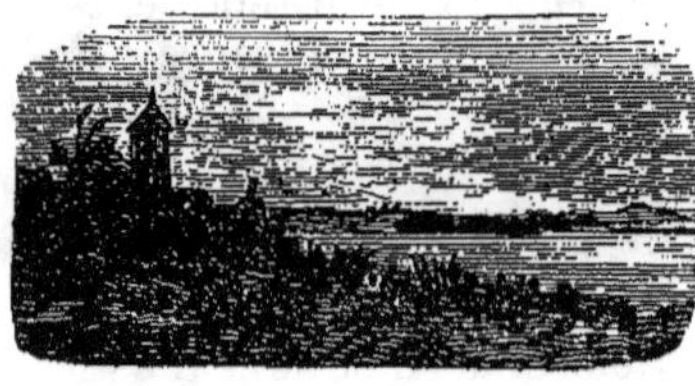

Paysage.

Au XVIII° siècle, la *peinture d'histoire* a compté de bons peintres, tels que les frères *Vanloo* et les *Coypel*, qui furent chargés de la décoration de plusieurs monuments, et la *peinture de genre* y fut illustrée par de très grands artistes, tels que *Boucher, Lancret* et surtout *Watteau*, né à Valenciennes en 1684, mort en 1721 ; ces derniers artistes ont surtout représenté des fêtes et des divertissements champêtres, où l'on voit des personnages, élégamment vêtus à la mode du temps, danser sur l'herbe au son des instruments, ou chanter en s'accompagnant des flûtes ou des guitares. Un autre peintre de grand talent, *Greuze,* affectionna des scènes familières, souvent dramatiques, empruntées à la vie bourgeoise. On connaît surtout sa *Malédiction paternelle* et sa *Cruche cassée.*

A la même époque, Joseph Vernet fixait sur la toile

des vues de ports et des scènes maritimes très remarquables et *Latour, Rigault, Largillière* se faisaient connaître par leurs admirables portraits.

Vous voyez que tous les genres ont été représentés en ce siècle.

— Oui, mon cousin, et ces peintres-là valaient-ils les étrangers contemporains?

— Ils leur étaient pour la plupart supérieurs, notre supériorité devait continuer à s'affirmer de jour en jour, si bien qu'en ce siècle nul ne peut entrer en balance avec nous.

— Oh! tant mieux; dites-nous au moins les noms de ces braves peintres qui nous ont mis au-dessus des autres peuples.

— Mon Dieu! que tu es gourmand, ami Paul! Mais à quoi bon te dire des noms que tu ne te rappelleras plus demain?

— Oh! que si! mon cousin, je les rechercherai sur mon livre et j'aurai bien du plaisir à lire la vie de ceux qui les portaient.

— Allons, puisque tu le désires, je continue. J'en étais au xviiie siècle, n'est-ce pas?

Eh bien, à la fin de ce siècle, il faut signaler encore un grand artiste, *Louis David*, qui fonda une école nouvelle et enseigna la peinture tout autrement que ses prédécesseurs.

Celui-là n'aimait pas les fêtes ni les scènes de famille. Il voulut faire des tableaux plus sévères et s'inspira des œuvres de l'antiquité. On lui doit de beaux tableaux, entre autres la *Bataille des Thermopyles,* un *Enlèvement des Sabines* et de grandes toiles dans lesquelles il a illustré des scènes de l'histoire de France, telles que le *Serment du jeu de paume*, le *Couronnement de Napoléon* 1er et la *Distribution des Drapeaux.*

Il mourut exilé à Bruxelles en 1825.

— Pourquoi était-il exilé?

— Parce qu'il avait embrassé avec ardeur les principes de la Révolution et qu'il était par conséquent l'ennemi de la royauté, restaurée en 1815.

— C'est grand dommage de priver de sa patrie un homme qui lui fait tant d'honneur.

— Oui, mon enfant, et d'autant plus que David était aussi un grand patriote. Ainsi, malgré les offres les plus brillantes, il refusa fièrement de faire le portrait du général anglais Wellington, le vainqueur de Waterloo.

— J'aime beaucoup ce peintre, mon cousin, et je n'oublierai pas son nom.

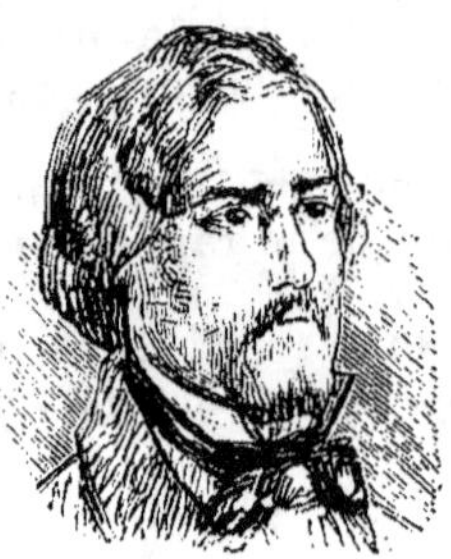

Delacroix.

— Son influence fut très considérable sur les artistes de son temps, dont les plus célèbres suivirent ses leçons. On l'a surnommé le *Corneille de la peinture*.

Après lui, la France peut citer avec orgueil les noms de *Gros*, de *Girodet* et surtout d'*Ingres* (1780-1867) et de *Delacroix* (1799-1863), le plus grand des peintres contemporains, dont le nom peut être cité à côté des plus illustres artistes de tous les pays et de toutes les époques. *Delacroix* fut un peintre de génie ; les grandes peintures qu'il a exécutées pour nos monuments publics sont la gloire de notre temps ; j'ai été un de ses élèves et son souvenir m'est resté cher ; quand nous irons à Paris, je vous montrerai au Louvre son beau tableau des *Massacres de Scio*, sa *Barque du Dante* et ses belles fresques de la Chambre des députés.

Au-dessous d'eux on peut citer les noms de *Delaroche*, l'auteur des *Enfants d'Édouard* ; d'*Horace Vernet*, dont les toiles célèbrent les hauts faits de nos guerres d'Afrique, et de *Decamps*, qui fut mon ami et qui a peint magistralement des vues et des scènes de l'Orient.

— Tous ces grands peintres sont des peintres d'histoire, n'est-ce pas?

— Oui, mon ami, mais à côté d'eux notre temps a connu d'illustres peintres de paysages qui ont célébré dans leurs tableaux la vie des champs, les travaux de la campagne et les beaux spectacles de la nature.

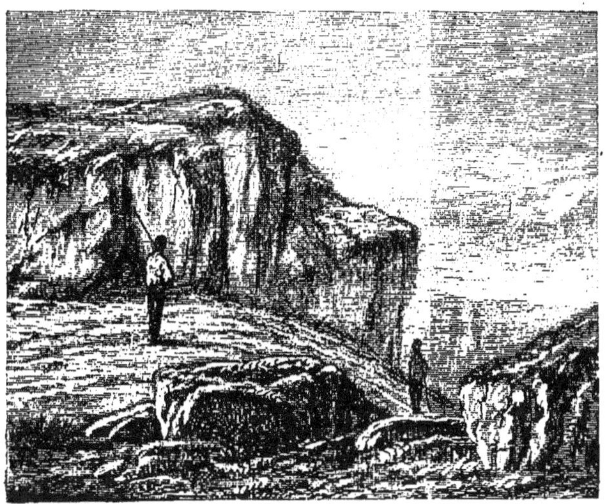

Un paysage moderne.

Pour ne parler que de ceux qui sont morts, je puis vous citer comme des gloires françaises *Troyon, Théodore Rousseau, Corot* et le grand *François Millet,* qui a été longtemps mon voisin à Barbizon et dont les toiles admirables ont célébré les paysans dans tous les actes de leur existence laborieuse.

Mais c'est trop peu de vous citer les noms de ces illustres artistes; vous ne les connaîtrez bien qu'en voyant leurs œuvres; vous vous expliquerez mieux

alers que la France leur doive à tous la renommée
glorieuse qu'elle a conquise dans les beaux-arts, et
qu'elle ne perdra pas.

Rustique s'échauffait en rappelant ces noms glorieux ; il voyait passer dans sa mémoire les belles
œuvres dont plusieurs étaient nées sous ses yeux : il
garda un moment le silence et son esprit semblait si
absorbé par ses pensées que personne n'osa l'inter-
rompre ; Paul, tout exalté, les yeux brillants, attendait impatiemmentqu'il continuât.

Au dehors, tous les bruits de la campagne avaient
cessé et la nuit s'était étendue sur la plaine ; dans la
chambre, le tic-tac du coucou rompait seul le silence.

Onze heures sonnèrent tout à coup, et Rustique, sortant brusquement de sa rêverie, se mit à sourire.

— Pardi ! mes enfants, nous avons bien bavardé ; je
crois qu'il est temps d'aller au lit. Depuis longtemps,
je n'avais veillé si tard et vous allez me donner de
mauvaises habitudes.

Chacun se leva à son signal et gagna sa chambre
en se souhaitant bonne nuit et joyeux réveil.

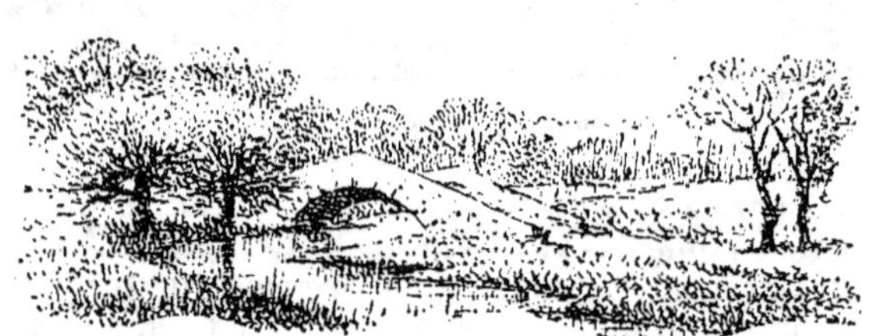

CHAPITRE VIII

Promenade à Fontainebleau. — L'architecture civile. — Palais et châteaux.

Depuis longtemps Rustique attendait une occasion favorable de conduire les enfants à Fontainebleau.

Maintenant que, grâce à leurs courses fréquentes, ils connaissaient la meilleure partie de la forêt, ils avaient eux-mêmes hâte de voir le château célèbre dont on leur parlait si souvent.

L'occasion désirée se présenta enfin, et, un dimanche de juillet, vers quatre heures du matin, au premier chant des oiseaux, nos trois voyageurs, après avoir bu une grande tasse de lait crémeux, embrassèrent la bonne Madeleine et se mirent en chemin pour la ville.

André dirigeait l'expédition ; il s'était fait fort de trouver parfaitement la route et marchait en avant d'un air d'importance, la carte de la forêt déployée à la main.

Rustique et Paul suivaient d'un pas alerte, côte à côte, heureux autant l'un que l'autre de pouvoir accompagner leur voyage d'une bonne causerie.

— Vois-tu, garçon, ce sera pour vous une fameuse

surprise que la vue de ce grand palais de Fontainebleau.

— Je le pense bien, mon cousin ; c'est le premier
beau monument que nous aurons vu, mon frère et
moi, car je ne compte pas l'église d'A***, qui est toute
petite.

—Et qui n'est belle que par certains détails.

—Cependant, mon cousin, bien que je n'aie pas encore
vu de chefs-d'œuvre d'architecture, j'espère arriver
sans trop de peine à comprendre les beautés du palais
que nous allons voir, car j'ai lu si attentivement votre
livre des grandes cathédrales, j'ai regardé avec tant de
soin les gravures que je crois avoir appris à reconnaître ce qui fait la beauté de ces édifices, et même peut-
être à trouver leurs défauts.

— Eh bien! je gagerais volontiers que ta science ne
te servira de rien aujourd'hui, ami Paul, soit dit sans
t'offenser, car ce n'est pas ta faute, mais celle du livre.

— Pourquoi donc? Il m'a paru si beau !

— Il est très bien fait, mais tu oublies qu'il ne parle
que des cathédrales, c'est-à-dire de l'architecture *religieuse*.

Or, je n'ai pas besoin de longues explications pour
t'apprendre que les monuments religieux sont très
différents des autres. Cela se comprend tout seul. Il
en résulte que les beautés d'une *église* n'ont rien de
commun avec les beautés d'un *palais*, et qu'il te faudra acheter un autre livre pour étudier l'architecture
civile et faire connaissance avec les beaux monuments
qu'elle a produits.

— Allons, bon ! s'écria Paul, tout désappointé, moi
qui croyais en savoir bien assez ; quelle déception !

— Eh bien, mon ami, tu en seras quitte pour un
petit supplément d'attention, voilà tout. En attendant,
je tâcherai de te venir en aide du mieux qu'il me sera
possible, en t'expliquant ce que tu ne sais pas encore.

— Alors, mon cousin, apprenez-moi tout de suite
ce que veut dire au juste *architecture civile*.

— On appelle ainsi, d'une façon générale, l'art qui préside à la construction des édifices autres que les églises. Je laisse de côté la construction de la plupart des maisons particulières, parce qu'on cherche à les faire commodes plutôt que belles et qu'elles ne sont pas artistiques pour la plupart. Mais, en dehors de ces maisons, il y a une foule d'édifices pour lesquels des architectes illustres ont déployé toutes les ressources de leur talent et qui sont de véritables œuvres d'art.

Tels ont été autrefois les *châteaux* des riches seigneurs, les *palais* des rois de France, les *hôtels de ville* des grandes cités, les *palais de justice*, les *arcs de triomphe* élevés pour perpétuer les souvenirs d'une victoire, les *fontaines publiques* et les *portes* des villes. Tels sont, de nos jours, les *théâtres*, les *gares* de chemins de fer, les *palais des expositions*, les *mairies* et tous les édifices qui sont faits pour un usage public.

— Voilà qui est clair; il paraît tout naturel que l'on ait cherché à faire tous ces monuments aussi beaux que possible, et je ne suis pas surpris qu'il y en ait d'admirables. Voulez-vous me dire encore, mon cousin, quels sont les plus remarquables?

— Ami Paul, tu fais toujours des questions auxquelles il faudrait une journée pour répondre. Jamais je n'aurai le temps de te satisfaire avant notre arrivée, car nous serons à Fontainebleau dans une demi-heure.

— Oh ! cela ne fait rien; si peu que vous m'appreniez, ce ne sera pas perdu, et en tous cas j'aurai bien moins de mal quand j'étudierai dans le livre.

— Allons, tu as de si bonnes raisons que je me rends.

Les plus anciens monuments civils de notre pays dignes d'être cités sont des constructions *militaires*, ce qui est facile à comprendre, car au moyen âge, époque de violences et de guerres continuelles, les hommes devaient avoir le souci de leur sécurité et construire des forteresses solides. Les villes s'entouraient de murailles pour se défendre contre l'ennemi, et les seigneurs se bâtissaient des châteaux forts, pour défier les menaces de leurs voisins. Quelques-unes de ces constructions guerrières sont très belles, et subsistent encore en partie. Si jamais tu vas à *Carcassonne*....

— Chef-lieu du département de l'Aude....

— C'est cela même... tu pourras admirer ses vieilles murailles du XII° siècle, bâties par Philippe le Hardi, qui sont un modèle de fortification ancienne ; tu y verras même cinq tours solides, bâties en briques et qui remontent au temps des Wisigoths, dont Carcassonne fut le dernier refuge. C'est le plus complet ensemble de défenses qui nous vienne du moyen âge, et il est si curieux et si précieux que le gouvernement en a entrepris la consolidation et défend qu'on y porte atteinte.

Avec les murailles d'*Aigues-Mortes* et de *Provins*, c'est un vénérable souvenir de notre histoire, et il est juste de le garder soigneusement.

— Ces fortifications-là ne seraient sans doute pas très utiles aujourd'hui, n'est-ce pas ?

— Elles ne serviraient à rien du tout ; trois coups de canon suffiraient à le démolir, et leur valeur est purement historique.

De même pour les ruines du château de Coucy, dans l'Aisne, bâti en 1230, et qui fut une des plus redoutables forteresses du moyen âge. Aujourd'hui, à supposer qu'il fût réparé, il ne résisterait pas une heure à l'artillerie. Et pourtant sa grande tour mesurait 64 mètres, presque la hauteur des tours de Notre-Dame ; quinze cents hommes pouvaient tenir dans une seule de ses salles, et ce grand donjon était lui-même défendu par quatre grosses tours de 35 mètres d'élévation. Tout était énorme dans ce château ; les marches des escaliers, les bancs, les appuis des créneaux y semblent faits pour des géants.

— Quels puissants seigneurs devaient habiter cette forteresse !

— Oui, mon garçon, c'étaient de hauts barons, mais aussi de grands pillards ; ils étaient invulnérables dans leur repaire et pressuraient impitoyablement les pauvres gens ; mais aujourd'hui toute cette puissance s'est écroulée, et le château de Coucy, qui appartient à l'Etat, n'est plus qu'un lieu de promenade pour les curieux.

— Y a-t-il encore d'autres châteaux de ce genre dans notre pays?

—Il y a encore beaucoup de ruines qui indiquent la place de quelques-unes de ces forteresses ; mais, en fait de châteaux entiers, je ne connais guère que celui de *Pierrefonds*, près de Paris, qui a été réparé à cause de sa beauté, et où se trouve aujourd'hui un musée, et le donjon de *Vincennes*.

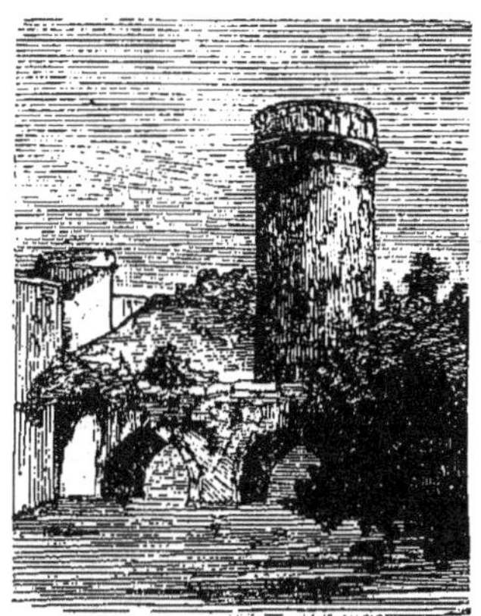

Le château de Coucy.

Mais, s'il reste peu de ces constructions militaires si grandioses, nous avons encore des châteaux de plaisance bâtis à des époques moins barbares, et que leurs qualités artistiques ont su préserver de la destruction, car elles en font des monuments précieux entre tous.

Loin de vouloir les dégrader, on s'est constamment efforcé de les préserver et de les embellir, car les œuvres de l'art, qui sont le fruit du génie et qui ont pour elles la beauté, sont plus précieuses mille fois que les ouvrages qui ont dû leur origine à la force brutale et dont la solidité est la qualité unique.

— Le palais de Fontainebleau compte parmi les plus beaux, n'est-ce pas?

— Oui, mon ami, et à juste titre; mais il y en a plusieurs qui peuvent rivaliser avec lui.

— Lesquels, mon cousin?

— D'abord le château de *Blois*.....

— Loir-et-Cher.....

— Peste ! tu sais ta géographie ! !

Paul se rengorgea.

— Le château de Blois, continua Rustique, n'a pas été construit en une seule fois. Il fut commencé par le roi Louis XII, qui fit élever un corps de bâtiments dont la façade est admirable; François I⁰ʳ le continua, et la plus belle partie du château date de son règne; il y a prodigué les ornements les plus délicats et les plus riches ; les escaliers, les balcons, les galeries sont d'un goût exquis, et d'une variété inimaginable. L'aménagement intérieur de ce palais est célèbre, et l'on ne s'étonne pas, après l'avoir visité, que plusieurs rois de France en aient fait leur séjour favori.

On y remarque la *salle des Etats*, où se tinrent les Etats Généraux en 1576 et en 1588, et la chambre où fut assassiné le duc de Guise.

Le frère de Louis XIII, Gaston d'Orléans, à qui avait été donné le château de Blois, voulut le faire rebâtir au goût de son temps, qui n'était pas bon. Il en fit démolir une partie pour élever à la place une construction massive d'un aspect assez laid; mais heureusement il n'eut pas le temps de détruire toute l'œuvre de François I⁰ʳ, qui a été parfaitement restaurée de nos jours.

— A quoi sert maintenant ce beau château?

— Une partie sert de musée, une autre de caserne.

— Est-ce que tous les autres palais du même genre appartiennent au Gouvernement?

— Non. Ainsi le château de *Chenonceaux* (Indre-et-

Loire), l'un des beaux de la Renaissance, appartient
à un particulier.

— Qu'est-ce que la *Renaissance?*

— On donne ce nom à une époque de notre histoire
comprise entre la seconde moitié du XVe siècle et la
fin du XVIe. Elle est signalée par le goût très vif qui
se manifesta alors pour les sciences, les lettres et les
arts et par les progrès qui s'accomplirent de toutes
parts dans les différentes connaissances de l'esprit.
Comme cette heureuse période succédait à une période d'ignorance et de ténèbres, on lui a donné le
nom de *Renaissance,* qui est très bien justifié.

— C'est vrai, mon cousin, je comprends ce mot à
présent et je n'oublierai plus que le château de Chenonceaux date de cette époque.

— Il a été construit en 1515, l'année de la bataille
de Marignan...

— Gagnée par François Ier....

— De mieux en mieux ... et acquis en 1535 par le
même François Ier. Il est bâti en travers du Cher, sur
des arches de pont, et se relie aux deux bords de la
rivière. On y remarque une admirable cheminée cise-
lée par Jean Goujon, et des plafonds de bois sculptés
d'une merveilleuse beauté.

— Et les autres, mon cousin?

— Les autres quoi?

— Les autres châteaux?

— Ah çà! tu es insatiable. Donne-moi au moins
le temps de respirer et de boire une gorgée, car tu
me fais tant parler que je n'ai plus de salive.

— Mon cousin, excusez-moi, je n'y pensais pas.

— C'est bon, c'est bon, tu es tout pardonné. Et
tiens! bois un peu toi-même; il fait chaud déjà, et
nous allons d'un bon pas.

Paul ne se fit pas prier. Quand il eut bu, on appela
André, qui suait à grosses gouttes, mais rayonnait de
joie, car il ne s'était pas trompé de route une seule
fois. Rustique but à son tour, et on se remit en marche.

— Je reprends, dit Rustique, et je me dépêche, car nous allons bientôt arriver. T'ai-je parlé du château de *Chambord*?

— Non, mon cousin.

— Eh bien, le château de Chambord est, lui aussi, l'un des plus beaux de la Renaissance, du moins à l'extérieur, car, au dedans, il est tout délabré.

Il fut construit par les ordres de Francois Ier, qui y employa les meilleurs artistes de son temps, J. Cousin, J. Goujon et Germain Pilon. On y fit travailler dix-huit cents ouvriers pendant douze ans, et on y dépensa près de dix millions de notre monnaie.

La splendeur de ce palais réside dans ses terrasses. Ce ne sont que cheminées, lucarnes, tourelles enjolivées des sculptures les plus capricieuses. On y remarque un escalier unique en France et dont la construction est tellement compliquée que plusieurs personnes peuvent monter et descendre en même temps sans se voir.

— Voilà qui est curieux, par exemple.

— En effet, c'est une fantaisie de l'architecte, qui fait l'étonnement et la joie de tous les visiteurs.

Quand je t'aurai cité encore les châteaux d'*Anet*, d'*Écouen*, d'*Amboise*, tu connaîtras à peu près tous les palais célèbres de cette époque et le château de Fontainebleau te montrera mieux que toutes mes descriptions quelle est la magnificence de ces demeures royales. Il ne te restera plus, après cela, qu'à voir le *Louvre* et *Versailles*, ce qui est réservé pour notre voyage à Paris, et, enfin, tu pourras voir dans le livre que je t'ai promis la description et le dessin d'autres beaux modèles de l'architecture civile qui subsistent de nos jours, tels que le *palais de justice* de Rouen, le *palais des ducs de Bourgogne* de Dijon, le *palais des papes* d'Avignon, l'*hôtel de ville* d'Arras, et bien d'autres monuments qui sont l'orgueil de nos cités.

A ce moment, André poussa un cri de joie.

— Fontainebleau! nous sommes arrivés.

Et le brave André agitait triomphalement sa carte, en montrant au bout de l'allée des lignes de toitures qui se découpaient sur le ciel, et dont la vue prouvait qu'il avait gardé le bon chemin jusqu'au bout.

— Allons, tu es un bon guide, dit Rustique en l'embrassant. Mes amis, asseyons-nous un moment et reposons-nous avant d'entrer. Nous nous secouerons

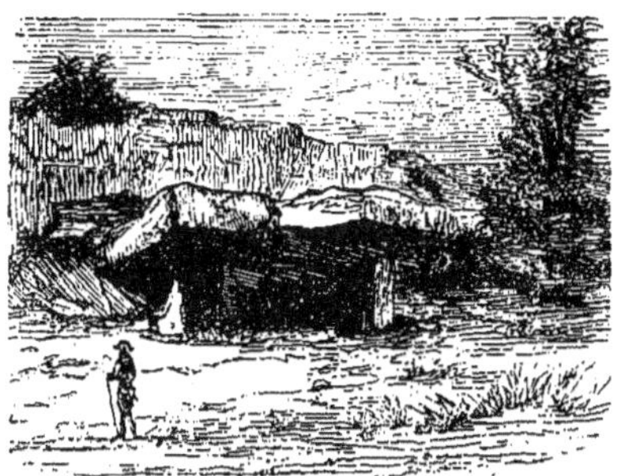

Un coin de la forêt de Fontainebleau.

vigoureusement pour chasser la poussière, et nous n'aurons pas l'air trop barbares en arrivant, malgré nos grosses bottes.

On fit une bonne halte, après laquelle les trois voyageurs, bien reposés et bien brossés, firent leur entrée dans la ville.

André et Paul avaient comme un petit battement de cœur en pensant aux merveilles qu'ils allaient voir, et leurs yeux cherchaient avidement le célèbre palais dont Rustique avait maintes fois évoqué les splendeurs dans leurs longues causeries du soir.

Malgré leur impatience, il leur fallut attendre une grande heure sans rien voir. Ils étaient arrivés de trop bon matin, et les portes n'étaient pas ouvertes.

Toutefois, leur temps ne fut pas perdu, car Rustique les mena à une auberge qu'il connaissait et leur fit servir une énorme tasse de chocolat dont ils apprécièrent immédiatement l'excellent effet.

C'est donc dans les meilleures dispositions du monde qu'ils arrivèrent enfin au palais.

Le premier coup d'œil fut une surprise.

Devant eux s'étendait une cour immense entourée de bâtiments magnifiques tels qu'ils n'en avaient jamais vus. Bien loin, tout au fond de la cour, s'élevait une façade imposante dont les dimensions leur parurent colossales ; habitués à la vue des petites habitations du village, ils avaient peine à se faire à de telles proportions.

Ils regardaient de tous leurs yeux, sans rien dire.

— Voici la principale entrée du château, mes enfants. On appelle cette cour *cour des Adieux*, car c'est ici que Napoléon fit ses adieux à la vieille garde avant son départ pour l'île d'Elbe. C'est par l'escalier que vous voyez là-bas (et qu'on appelle *escalier du fer à cheval* à cause de sa forme) qu'il descendit pour embrasser l'aigle du drapeau. Nous allons traverser cette cour, qui a plus de 150 mètres de longueur, pour commencer notre visite, qui sera longue, car le palais est grand.

Je vous montrerai d'abord la plus ancienne partie, et nous visiterons successivement chacune des constructions qui s'y sont ajoutées, dans l'ordre où elles ont été élevées. De la sorte, nous pourrons apprendre l'histoire du palais, tout en admirant les beautés dont il est rempli.

Rustique était le meilleur des guides ; il savait à merveille faire voir tout ce qui était intéressant sans fatiguer l'attention de ses compagnons. Aussi les deux heures de la visite ne semblèrent-elles qu'un instant aux deux enfants.

Ils virent la *cour Ovale*, qui est la plus ancienne partie du château, avec ses deux entrées célèbres, la *porte Dauphine*, sous laquelle fut baptisé Louis XIII, et la *porte Dorée*.

— C'est à cette place, disait Rustique, qu'au XII° siècle s'élevait le vieux manoir flanqué de tours qu'habitait Louis VII ; ce n'était qu'une citadelle défendue par des fossés et entourée de tous côtés par une épaisse forêt.

Aujourd'hui, il n'en reste rien, car François Ier a tout rebâti et a remplacé le château fort, qui était très laid, par les belles constructions que vous avez sous les yeux.

Puis il raconta les aventures du roi saint Louis, surpris à la chasse par une troupe de brigands cachés dans la forêt, et qui dut sonner du cor pour être secouru ; il rappela que le roi Philippe le Bel mourut à Fontainebleau d'une chute de cheval en 1314, et arriva à l'époque de la plus grande splendeur du château, le règne de François Ier.

C'est dans la merveilleuse petite galerie qui porte le nom de ce roi qu'il dépeignit la cour fastueuse, l'armée des courtisans vêtus de soie et d'or qui s'y pressaient.

— Voyez-vous, mes enfants, c'est l'intérieur du palais qu'il faut voir surtout. Les rois qui l'ont habité, surtout François Ier et Henri IV, ont voulu en faire un séjour enchanteur. Ils ont prodigué, pour l'orner, toutes les ressources de l'art de leur temps. Rien ne leur a coûté ; ils ont appelé d'Italie les plus grands artistes pour peindre les murailles et les plafonds, ou pour remplir les salles de statues ; ils ont multiplié les pavillons à tel point qu'un étranger a pu dire que Fontainebleau était un *rendez-vous de palais*.

François Ier a dépensé à lui seul pour ses embellissements plus de 25 millions de notre monnaie.

Les enfants, ravis, allaient de merveille en merveille. Arrivé à la *galerie des fêtes*, Paul ne put retenir une exclamation de stupeur.

Eclairée par dix grandes fenêtres encadrées de dorures, cette galerie est décorée avec un art admirable. Huit grandes toiles peintes couvrent les principaux pans de murs : plus de soixante autres achèvent de garnir les plafonds, les dessus de portes, les encadrements des fenêtres, et chacun de ces tableaux, peints par un italien nommé *Primatice*, est de la plus grande beauté.

Rustique leur montra aussi la *galerie de Diane*, construite par Henri IV ; la *galerie des Cerfs*, dans laquelle la reine Christine de Suède, lors de son voyage en France (1657) fit assassiner son favori Monaldeschi.

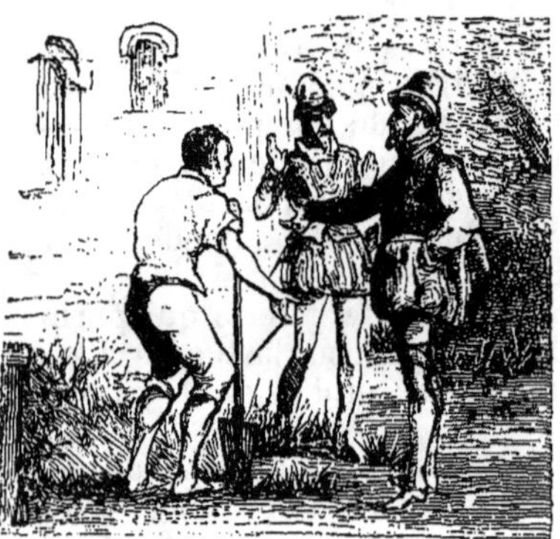
Henri IV, le duc d'Épernon et le jardinier.

La promenade fut enfin terminée par une visite au célèbre *étang des Carpes*, ainsi nommé à cause des nombreuses carpes qui y vivent. Pour ne pas manquer à la tradition, Paul et André achetèrent un gros morceau de pain et en lancèrent les miettes aux grasses commères de l'étang, dont la gloutonnerie fit leur admiration et leur joie.

Puis, la dernière bouchée distribuée, nos trois amis, fatigués, les yeux éblouis, la tête encore toute échauffée par l'attention, allèrent prendre, en attendant le déjeuner, un repos dont ils avaient grand besoin.

Il s'assirent au milieu des magnifiques jardins qui séparent le château de la forêt et laissèrent avec joie errer leurs yeux sur les corbeilles de fleurs fraîches qui les garnissent.

— Les belles fleurs! s'exclamait André; voilà un jardin fertile !

— Il ne l'a pas toujours été autant ; longtemps même il fut si sec et si stérile qu'on n'y eût pas fait pousser un œillet. Cette stérilité fut même l'occasion d'une bonne plaisanterie du roi Henri IV.

— Contez-nous-la !

— Volontiers. Un jour, le Béarnais, se promenant avec le duc d'Epernon, grand seigneur de la Gascogne qui s'était fait une haute situation par ses intrigues à la cour, se plaignit à son jardinier de ce que les parterres étaient mal garnis de fleurs.

— « Sire, répondit le jardinier, je ne puis rien faire venir dans ce terrain-là.

— « Semez-y des Gascons, dit le roi avec sa verve spirituelle, en regardant d'Epernon, ils poussent partout. »

Les enfants s'amusèrent de cette vive repartie, et la conversation se continua avec animation.

Elle ne pouvait manquer de rouler sur ce qu'ils venaient de voir, et Paul avait beau jeu, cette fois, pour s'abandonner à sa manie questionnante.

Après avoir exprimé abondamment l'enthousiasme dont il était rempli, il se hâta de commencer la série de ses « pourquoi? » et de ses « comment?» accoutumés.

Rustique dut expliquer comment vivaient les rois dans ces splendides demeures, quelles fêtes magnifiques ils y donnaient, quel peuple de serviteurs, de soldats, de courtisans et de seigneurs les remplissait, comment plusieurs de ces rois et surtout François 1er, doués d'un goût éclairé pour les choses de l'art, ont contribué à éveiller et à développer ce goût en France ; comment, en appelant les artistes étrangers dans notre pays, ils ont excité l'émulation des nôtres et ont ainsi aidé au développement des grandes qualités artistiques qui sont aujourd'hui si communes en France.

Il dut toutefois rabattre quelque peu l'enthousiasme des deux enfants en leur montrant qu'autrefois ce beau luxe artistique était le privilège d'un bien petit nombre d'heureux et que seuls les gens de cour pouvaient en jouir. Seuls ils étaient admis, non seulement à partager les plaisirs des fêtes royales, mais même à jeter les yeux sur les chefs-d'œuvre de l'art qui remplissaient les palais et à élever leur esprit par la contemplation de tant de belles choses. Quant aux gens du peuple, ils ne pouvaient y prétendre et les portes des châteaux leur restaient impitoyablement fermées.

Il fit observer combien nous sommes plus heureux que nos pères, puisque chacun peut aujourd'hui profiter de la vue de ces grandes œuvres et de ces belles demeures qui appartiennent à tous, où tous nous pouvons trouver le plaisir le plus délicat, et où l'étudiant, l'artiste, l'ouvrier peuvent rencontrer le modèle, l'exemple et l'enseignement le plus profitables à leur instruction.

— Ne crois-tu pas, petit Paul, qu'après avoir vu ce palais tu as meublé ta cervelle de nouvelles connaissances et que tu as appris bien des choses qui peuvent t'être utiles?

— J'en suis bien sûr, mon cousin, et même je me sens pris d'un grand désir d'apprendre à mon tour, s'il est possible, à composer des œuvres comme celles que j'ai vues. Je voudrais être artiste, moi aussi, si ce n'est pas trop d'orgueil de ma part d'y songer.

— Hé! hé! qui sait? Il serait présomptueux de croire qu'on aura un jour du talent, mais avec du travail et de la volonté, on peut toujours se faire une place honorable au soleil. Après tout, il n'en coûte pas d'essayer, et, comme je vois que tu prends du goût aux choses de l'art et qu'elles excitent dans ton esprit une curiosité intelligente, je te donnerai des leçons, et je tâcherai de t'apprendre le peu que je sais moi-même.

— Oh! mon cousin, que vous êtes bon! Je le désirais tant! Mais jamais je n'aurais osé vous le demander.

Et, tout ému, des larmes de joie dans les yeux, Paul se jeta au cou de Rustique, en l'embrassant de tout son cœur.

— Allons! allons! garçon, disait le brave homme, touché d'un pareil élan, c'est tout simple; ce sera un plaisir pour moi, et, si nous réussissons, je n'en serai pas le moins fier. Vois-tu bien, je suis content de ce que tu m'as dit; cela vient du cœur, et le désir que tu manifestes de devenir un artiste me rappelle l'exclamation célèbre d'un des plus grands peintres de l'Italie.

Un jour, le Corrège, encore tout jeune et pauvre artisan, regardait un tableau de Raphaël exposé dans sa ville natale. A l'aspect de cette peinture divine, ses yeux se dilataient, ses joues s'empourpraient d'émotion. Tout d'un coup, emporté par l'admiration, il s'écria : « Et moi aussi je serai peintre! »

Sa vocation était décidée; il quitta toute autre besogne et fit si bien qu'il finit par devenir un des plus grands artistes du monde.

Il serait outrecuidant de te promettre la même gloire, mais il est bon de te donner le Corrège pour exemple; tu y trouveras de quoi t'inspirer confiance.

Et toi, André, ne veux-tu pas prendre aussi des leçons de dessin?

— Oh! moi, mon cousin, je ne ferais rien de bon de ce côté-là, et vous perdriez votre peine; je crois que ce n'est pas ma partie.

— Et quelle est donc ta partie, petit?

— Je ne sais pas, cela ne m'est pas venu encore.

— Allons, espérons que cela te viendra; mais, en attendant, allons déjeuner, garçons, car mon estomac crie famine et le vôtre ne doit pas être beaucoup plus fier.

CHAPITRE I X

Arrivée d'un vieil ami. — La musique. — Joie d'André.

Deux bons mois s'étaient écoulés. Fidèle à sa promesse, Rustique avait commencé à donner à Paul les premières leçons de dessin, et celui-ci, passionné pour ce nouveau travail, auquel il consacrait tout le temps que lui laissait l'école, avait fait de rapides progrès. Maintenant, quand Rustique allait en forêt, Paul, assidu auprès de lui, s'exerçait à dessiner les arbres et les rochers sur un grand *album* que lui avait donné Madeleine. Puis, la séance terminée, et l'heure du déjeuner venue, les deux *artistes* rentraient ensemble.

Chacun portait son attirail et il fallait voir comme Paul se redressait et marchait fièrement sous son pliant et son parasol. Le pauvre André en était tout étourdi. Quelquefois son frère consentait à lui laisser porter son pliant pour le retour et, ces jours-là, André brillait comme un soleil; mais il ne fallait pas qu'il abusât de la permission, et, le plus souvent, il était simplement réduit au rôle du quatrième officier de Marlborough...... il ne portait rien.

Un jour, nos trois amis revenaient ainsi à l'heure accoutumée et se trouvaient près de la maison quand ils aperçurent Madeleine qui, tout affairée, tournait et virait à travers la cour, allant au poulailler prendre une pleine corbeille d'œufs frais, courant à la remise délier un fagot, revenant au puits tirer un seau d'eau, donnant, en un mot, les signes d'une activité inaccoutumée.

— Oh! oh! s'écria Rustique, il doit y avoir du nouveau. Pressons le pas, mes amis, votre cousine aura besoin d'un coup de main.

Les enfants s'élancèrent et Paul s'empara du seau, tandis qu'André s'offrait pour les autres commissions.

Rustique arrivait au même instant.

— Eh bien! qu'y a-t-il donc? Pourquoi tout ce mouvement? Tu attends quelqu'un?

— Eh! je ne l'attends plus. Entre seulement et tu verras.

Rustique poussa vivement la porte et deux exclamations joyeuses partirent à la fois.

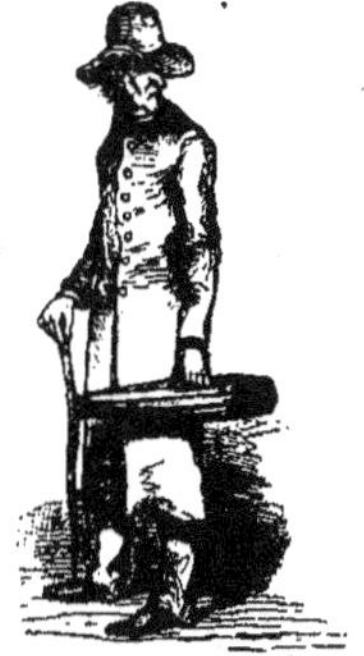

Clédesol.

— Toi! mon vieux Clédesol!

— Moi-même, mon brave Rustique!

Et les deux amis s'embrassèrent avec effusion.

— La bonne surprise! dit Rustique.

— Ah! il y avait décidément trop longtemps que je n'avais vu ni toi ni Madeleine, et cela commençait à me peser sur le cœur. J'ai profité d'une occasion qui m'appelait à Paris, et j'ai poussé jusqu'ici. Voilà!

Les deux enfants se tenaient à l'écart, discrètement, mais Clédesol les aperçut vite, et s'écria :

— Dis donc, Rustique, qui sont ces petits gaillards-là? Es-ce qu'il te serait venu de la famille depuis notre

dernière entrevue ? Diable ! ils sont grands, tes fils, pour
des marmots de cinq ans !

Et, sur sa bonne plaisanterie, l'excellent homme
partit d'un formidable éclat de rire :

— Non, non, Clédesol, les enfants ne sont pas à moi,
mais ils sont tout de même de la famille. Ce sont
les fils de mon pauvre cousin Dufresne, dont je t'ai
parlé quelquefois.....

— Je comprends, je comprends... et tu les as recueillis. Je reconnais là mon vieux Rustique. Mais ils
sont charmants, ces gamins-là. Approchez, clampins,
qu'un vieil ami vous embrasse !

Paul et André s'avancèrent aussitôt, et Clédesol les
embrassa cordialement.

La connaissance était faite maintenant et chacun
en parut satisfait.

Bien que Clédesol eût l'air vif comme la poudre, ses
allures franches et cordiales avaient tout de suite gagné
le cœur des enfants, dont la tenue modeste et polie
avait, de son côté, charmé le vieillard.

Le déjeuner fut gai, et les amis avaient tant de choses
à se dire depuis cinq ans qu'ils étaient séparés qu'il
fallut le prolonger bien au-delà de sa durée ordinaire.
Il était tout près de deux heures quand Clédesol avala
sa dernière goutte de café !

— A propos ! s'écria Rustique, n'as-tu pas apporté
ton violon ?

— Si fait ! je ne m'en sépare jamais.

— Quelle bonne idée, monsieur Clédesol, s'écria
joyeusement Madeleine, vous en jouez si bien ! Vous
allez faire de la musique.

— Certainement, si votre mari veut m'accompagner
comme autrefois.

Rustique s'exclama :

— Moi, faire ma partie avec toi !

— Et pourquoi pas? N'as-tu pas ta flûte?

— Mais je n'en joue plus depuis des années !

— Tu t'y remettras. Tu en jouais joliment jadis et

c'est un talent qui ne se perd pas. Allons, cours la
chercher; je vais accorder mon violon en attendant.

Malgré ses hésitations, Rustique était enchanté, car
il adorait la musique et regrettait toujours le temps
où, tous les soirs, lui et Clédesol déchiffraient pendant
des heures les œuvres des grands maîtres.

Il revint promptement avec sa flûte. Elle était un
peu poussiéreuse; il fallut la démonter et la nettoyer
soigneusement pour la mettre en état; mais, au fond,
l'instrument était bon, l'exécutant de force très
convenable, et l'on put défier tout mécompte.

Quand tout fut prêt, et les instruments d'accord,
Clédesol tira du fond de sa boîte à violon une parti-
tion jaunie, aux marges usées par le long frottement
des doigts.

— La reconnais-tu, Rustique?

— Si je la reconnais! Pourrais-je oublier mon air
favori, le beau *motet* de mon vieux Rameau? Com-
mençons, Clédesol, je me sens rajeuni de vingt ans!

Les enfants, assis près de la table, attentifs, retenaient leur souffle. Madeleine, à l'angle de la fenêtre,
écoutait avec une joie indicible cet air bien connu
qui lui rappelait ses jeunes années, et dont l'harmonie
douce et grave répondait si bien aux sentiments
d'invariable tendresse que vingt ans d'une union sans
nuage n'avaient fait que fortifier dans son cœur.

Cet air, elle l'avait entendu pour la première fois
quand elle était jeune fille; Clédesol l'avait joué à
son mariage, et, depuis lors, bien des fois les deux
amis l'avaient évoqué de nouveau; mais il lui semblait
que jamais il n'avait été si bien rendu.

Et, de fait, Clédesol était un merveilleux artiste.
Toute son âme passait dans son violon, dont le chant
large et pur vibrait comme une voix vivante. Grave,
les lèvres serrées, les yeux luisants sous ses épais
sourcils, il allait, animant son *archet* de toute sa
passion d'artiste, sourd aux bruits du dehors, envahi

tout entier par la grandiose harmonie qui remplissait.la salle.

Le morceau fini, il y eut un long silence; chacun se taisait, plein de pensées, laissant s'éteindre en soi l'écho des émotions soulevées par la musique.

Tout le monde était ému, mais André surtout l'était visiblement. Pâle, de grosses larmes coulant silencieusement de ses yeux, la poitrine soulevée par moments d'un sanglot, il semblait frappé de stupeur. Jamais il n'avait éprouvé un sentiment pareil; la puissance de la musique venait de se révéler à lui brusquement et tout d'un coup.

— Si nous recommencions? dit enfin Rustique.

— Oh! oui, répondit André d'une voix suppliante. Comme c'est beau! ajouta-t-il tout bas, et se parlant à lui-même.

Le morceau fini, on en prit un autre, et l'après-midi se passa ainsi tout entière.

Rustique était radieux.

— Vraiment, dit-il après le dernier air, je n'aurais jamais cru pouvoir m'en tirer; mais, avec un diable comme toi, que ne ferait-on pas? Maintenant, en attendant le dîner, allons faire un tour dans la forêt. Venez, mes enfants. Et toi aussi, Madeleine, tu peux venir; le pot-au-feu se fera tout seul.

Il faisait un temps magnifique et, bien qu'il fût plus de quatre heures, le soleil dardait des rayons dont la pénétrante chaleur fit apprécier aux promeneurs l'agrément des immenses parasols de verdure élevés au-dessus de leurs têtes. Au bout d'une demi-heure, on tomba sur une petite clairière gazonnée d'une mousse si fine et si veloutée que personne ne put résister à la séduction qu'elle offrait, et l'on courut s'asseoir en rond sur l'herbe.

Rustique avait remarqué l'émotion manifestée par André et qui semblait durer encore, car, contrairement à ses habitudes, il ne sautait pas, ne cou-

rait pas, et ne pensait pas à grimper aux arbres.
Dans un intervalle de silence, il l'interpella à ce
sujet.

— Eh bien! André, tu me disais l'autre jour que
la peinture n'était pas ta partie. En dirais-tu autant de
la musique, aujourd'hui?

— Oh! non, mon cousin. J'ai été trop heureux d'entendre M. Clédesol et vous, et je sens à quel point je
serais fier si je pouvais, moi aussi, jouer d'un instrument et causer aux autres un pareil plaisir. Mais c'est
une prétention que je ne puis avoir; je suis trop igno-
rant.

— Hé! galopin! interrompit Clédesol, crois-tu donc
que j'en savais plus que toi à ton âge? Je n'étais pas
plus malin; je ne savais que déchirer mes fonds de
culottes en faisant l'ascension des peupliers. La musique s'apprend comme tout le reste; il suffit d'y
mettre du sien.

— Oh! pour savoir jouer comme vous!...

— Eh bien! polisson, il suffit de commencer de
bonne heure.

— C'est que je ne sais rien du tout, monsieur Clédesol, et je n'ai personne pour me montrer.

— Personne! et mon vieux camarade Rustique! Il
s'y entend aussi bien que moi.

— Oh! oh! protesta Rustique......

— Ne te récrie pas! J'en suis sûr. Et d'ailleurs, si
je ne me trompe pas, voilà un petit gaillard qui ne
donnera pas grand mal à son professeur; il m'a tout
l'air d'avoir les dispositions voulues.

Clédesol, en disant ces mots, s'était tourné vers
André, qu'il regardait attentivement.

— Voyons, continua-t-il, approche-toi. Dis-moi ce
que tu penses de la musique?

— Je pense que c'est très beau, monsieur Clédesol.

— Et pourquoi est-ce très beau?

André réfléchit un instant, puis répondit:

— Je sens que c'est très beau, monsieur, mais je ne peux pas exprimer ce que je sens.

— Eh bien, je vais te le dire. C'est que, de tous les arts, la musique est le plus propre à *émouvoir* les hommes. Avec les moyens les plus simples, uniquement par la combinaison des sons, elle sait éveiller dans l'âme tous les sentiments, les plus doux comme les plus violents. Un chant plaintif nous attriste, un chant guerrier nous entraîne, un chant joyeux nous exalte et nous donne les idées les plus riantes.

— C'est vrai, monsieur; ainsi j'ai très bien senti que je pleurais quand vous avez joué votre premier morceau, et pourtant je n'avais aucun chagrin.

— C'est donc bien l'influence de la musique que tu subissais. Autre question : crois-tu que l'homme seul soit sensible à la musique ?

— Oh ! non, monsieur, les animaux y sont très sensibles, et presque tous les oiseaux savent chanter.

— Aimes-tu à entendre chanter les oiseaux ?

— S'il l'aime ! interrompit Paul, je crois bien ; il s'oublie tellement à les écouter que, dans nos promenades, je suis toujours obligé de l'appeler et même de courir après lui quand il entend les fauvettes ou les pinsons.

— Voilà une chose qui me fait déjà plaisir, petit ; mais dis-moi : ne t'aperçois-tu pas qu'il y ait dans la nature bien d'autres bruits agréables que le chant des oiseaux?

— Oh! si, par exemple le bruit de grelots dans la forêt, ou le tintement de cloches dans la campagne: je passerais des journées à les écouter.

— Et le bruit du vent dans les feuilles? et le murmure des ruisseaux? Tous ces bruits sont des sons musicaux; les uns sont doux, comme ceux que je viens de citer, les autres sont terribles, comme, par exemple, le mugissement des mers. Eh bien! ces bruits-là ont de tout temps frappé l'oreille des hommes et excité dans leur âme des sentiments doux ou puissants.

Ce fut la musique de nos premiers pères, et, comme
ils avaient une voix articulée, capable de produire
des sons plus beaux encore et plus émouvants que les
bruits de la nature ou le chant des oiseaux, ils se
sont plu dès les premiers âges à chanter et à exprimer
par la musique leurs douleurs, leur colères ou leurs
joies.

— Et la musique est aussi vieille que le monde, dit
Rustique.

— Assurément ! du moins la musique *vocale.*
Quant à la musique *instru-*
mentale, elle est certainement venue en second lieu
et il est même probable
que les premiers instru-
ments n'ont servi qu'à accompagner les voix.

— Ces premiers instru-
ments' devaient être bien
imparfaits.

— Ils ne valaient pas
mon violon, ni la flûte de
Rustique, mais ceux qui
n'en avaient pas d'autres
ne les dédaignaient pas,
bien qu'ils fussent assurément très simples et ne
pussent rendre que des
sons peu variés.

— Quels furent les pre-
miers instruments

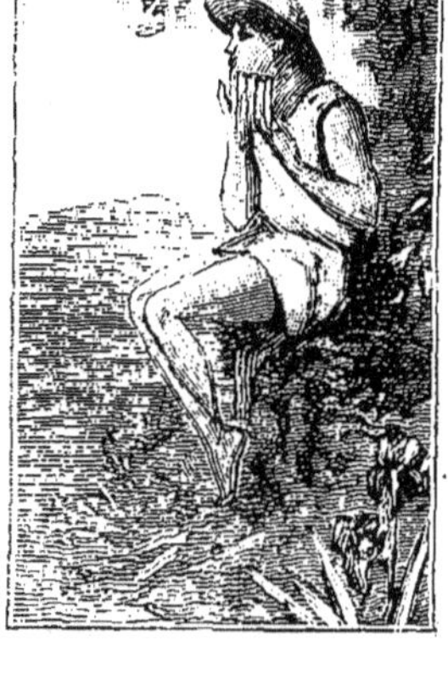

Jeune Grec jouant de la flûte.

— D'après les Grecs, le premier instrument de
musique aurait été la *lyre*, dont ils expliquaient
l'invention par une légende ingénieuse.

Un homme vit sur le bord de la mer une écaille de
tortue. L'animal avait péri depuis longtemps, et sa
chair avait complètement disparu, à l'exception de
quelques tendons désséchés qui traversaient l'écaille

dans sa longueur. Ayant touché ces tendons, le voyageur s'aperçut qu'ils résonnaient sous ses doigts et produisaient un bruit musical. Frappé de ce phénomène, il emporta soigneusement sa trouvaille, qui fut la première lyre.

Après la lyre, la *flûte* dut être inventée de bonne heure. Il suffisait d'un roseau creux, de l'écorce d'un sureau, pour fournir un instrument imparfait, assurément, mais capable de donner quelques sons doux et légers.

— Je saurais faire une petite flûte de ce genre, dit André, et j'ai eu des camarades, au village, qui en jouaient assez habilement.

— Et bien, la musique de tes camarades représente assez exactement celle que faisaient les anciens hommes. Mais, comme toutes les inventions humaines, la musique se perfectionna vite et les peuples civilisés de l'antiquité, avant l'invasion des Barbares, avaient poussé assez loin leurs connaissances musicales. Les Grecs jouaient de plusieurs instruments, chantaient avec goût et avaient imaginé des danses compliquées. Seulement cet art, comme tous les autres, s'éteignit dans le tumulte des grandes invasions.

— Comment la musique put-elle se développer de nouveau en France?

— Les premiers habitants de notre pays, les Gaulois, n'avaient qu'une musique guerrière.

Quand ils allaient au combat, des hommes appelés *bardes* les précédaient, portant des harpes et chantant des chants belliqueux, farouches, appelés *bardits*, qui animaient d'une sauvage ardeur les guerriers dans la mêlée. Ces bardes, à la fois poètes, musiciens, historiens, étaient plus éclairés que les autres Gaulois, et jouissaient d'une grande influence.

Les Franks eurent aussi des chants de guerre dont l'un est venu jusqu'à nous; mais, chez eux, les musiciens n'étaient pas estimés et, tandis que la musique religieuse se développait, les musiciens qui ne con-

naissaient que ces vieux chants de guerre, étaient
considérés de plus en plus comme des barbares, et
traités avec mépris.

— Cette musique religieuse était donc beaucoup
plus belle?

— Elle marquait au moins un progrès. La musique
guerrière des Franks était surtout un cri farouche;
on l'apprenait sans règle fixe, par tradition, mais la
musique religieuse, ou *plain-chant*, devint un art
qu'il fallut étudier. Le pape saint Grégoire le perfectionna, et Charlemagne propagea dans ses écoles
la méthode de ce pape; ce fut le *chant grégorien*.
Dès ce moment on exerça les enfants à chanter en
chœur, et plusieurs rois de France se plurent à composer des airs d'église.

C'est de cette époque que nous viennent les notes
qui forment la *gamme*.

— Do, ré, mi, fa, sol, la, si, do, s'écria Paul en
riant.

—Non pas, ami Paul; il faut dire ut, ré, mi, fa, sol,
la, si, car c'est presque de nos jours que l'on a dit : *do*
au lieu de *ut*, qui était trop dur.

Quoi qu'il en soit, ces notes de la gamme primitive
datent du XIᵉ siècle. C'est un moine appelé *Gui d'A-
rezzo* qui les imagina, et qui eut aussi l'idée de les
placer sur cinq lignes formant une *portée* pour per-
mettre de connaître le son rien qu'en les lisant.

— Comment faisait-on avant lui?

— On se servait de signes très-défectueux, si difficiles à lire qu'on se trompait toujours; aussi l'invention de Gui d'Arezzo amena-t-elle un grand progrès
et servit-elle infiniment au développement de la musique. On put alors composer plus facilement les airs
et perfectionner les instruments.

— Quels instruments y avait-il en ce temps-là?

— On connaissait les *timbales*, qu'on appelait *na-
caires*, la *flûte*, la *guitare*, une sorte de *violon*, le *cor
de chasse*, la *trompe*, enfin la *harpe*, la *lyre*, et l'*orgue*,

le plus important des instruments de musique du moyen âge.

— Je me rappelle qu'un empereur de Constantinople envoya à Pépin le Bref, en 757, le premier *orgue* qui ait été connu en France et qui servit de modèle pour en fabriquer d'autres; les Français devinrent même fort habiles dans cette industrie, si l'on en juge par cet orgue dont parle un chroniqueur et qui, fabriqué au Xe siècle, avait vingt-six soufflets et exigeait pour être mis en mouvement les efforts de soixante-six hommes.

— Peste! Mais dans ce temps-là on devait avoir déjà une belle musique.

— Elle était peu variée; ainsi, dans un chœur, tous les chanteurs chantaient la même partie; ce n'est qu'au XIIIe siècle qu'un musicien appelé *Adam de la Halle* commença à composer des chants pour plusieurs voix, ce qui fut considéré comme un grand progrès.

Au XVe siècle, les progrès furent plus sensibles encore. La musique était alors en grand honneur dans les Pays-Bas, et, comme cette contrée appartenait aux ducs de Bourgogne...

— Depuis 1369...

— Par suite du mariage de Philippe le Hardi, la France put profiter des progrès qu'elle avait faits et, dès lors, il y eut des compositeurs de musique attachés à la cour des rois.

— Ce qui prouve, interrompit Rustique, l'importance qu'on attachait à cet art.

— Mais ce qui ne prouve pas que cette musique elle-même valût quelque chose, car c'est bien la plus bizarre musique dont il soit possible de s'écorcher les oreilles. Un odieux charivari!

— Peste! tu n'es pas indulgent, Clédesol.

— Quelle indulgence veux-tu que je témoigne à un gaillard comme ce *Clément Jannequin* ou *Josquin*, musicien du roi, qui s'est amusé, en 1544, à composer un chant où l'on entend le canon, la trompette, le

tambour, le fracas des armes, les hurlements des
blessés, etc., etc., etc., et à appeler cette horreur la
Bataille de Marignan!

Le bouillant Clédesol accompagna ses invectives
d'un geste de si comique fureur que chacun partit
d'un éclat de rire retentissant.

— Oh! oh! reprit Rustique, et on ne m'a pas pendu
ce gredin-là?

— Il l'eût mérité! Ah! si j'avais été là... Mais n'y
pensons plus et parlons tout de suite du xvi⁰ siècle,
qui est le premier où l'on ait composé de la musique
qui vaille la peine d'être jouée.

C'est un Franc-Comtois nommé *Goudimel* qui sut le
premier trouver la véritable harmonie et rejeter bien
loin dans le passé la laide musique du moyen âge, ce
chaos de dissonances... Mais écoutez ce que dit à ce
propos un grand écrivain dans une page que je sais
par cœur : « Ce fut un chant vrai, libre, pur, un chant
du fond du cœur, le chant de ceux qui pleurent et qui
sont consolés, la joie divine parmi les larmes de la
terre, un aperçu du ciel... »

Pourtant, mes enfants, ces beaux chants de Goudimel, il fut défendu de les faire entendre, et ceux qui
les chantaient étaient voués aux supplices, torturés et
tenaillés au fer rouge, punis de mort!...

— Que dites-vous là, monsieur Clédesol? s'écrièrent
les enfants.

— Oui, mes enfants, car Goudimel était protestant,
c'étaient des psaumes protestants qu'il avait mis en
musique, et, à cette époque de tristes guerres religieuses, ce fut un crime de les chanter. Goudimel lui-
même fut massacré et jeté dans le Rhône pendant la
Saint-Barthélemy.

Heureusement vinrent des temps meilleurs et la
musique n'en mourut pas. Elle grandit, au contraire,
et pénétra partout. La grande époque de la *Renaissance*, qui doubla l'élan à tous les arts était venue;
partout on chantait, partout pénétrait l'influence de

la musique, et surtout en Italie, qui fut la terre for-
tunée et la vraie nourrice des arts.

C'est de ce pays que nous vint la musique *drama-
tique*, grâce à l'influence de *Mazarin*, qui introduisit
en France des chanteurs *d'opéra*.

Pour rivaliser avec eux, trois Français, Cambert,
Perrin et le marquis de Sourdéac, ouvrirent en 1671
un théâtre de musique. L'année suivante, le Florentin
Lulli dirigea ce théâtre et y fit jouer de nombreux opéras.

— J'ai lu l'histoire de ce Lulli, s'écria Paul, n'était-
ce pas un marmiton?

— Oui, petit, c'est dans les cuisines royales qu'il manifesta tout d'abord son goût pour la musique.

Venu en France à l'âge de treize ans, il servit comme
laveur de vaisselle dans la maison de la cousine de
Louis XIV; doué d'un goût particulier pour la musique,
on raconte qu'il s'amusait à taper en cadence sur les
casseroles de grandeur différente qui garnissaient sa
cuisine et à se jouer ainsi des airs qui le ravissaient.
On s'en aperçut, on le fouetta d'abord, ensuite on
lui apprit le violon, et Lulli devint le plus grand
musicien de son temps.

Pendant un demi-siècle, il n'eut pas de rivaux, et
c'est seulement sous Louis XV qu'un Dijonnais, un
grand artiste, nommé *Rameau*...

— Celui dont vous avez joué tout à l'heure un si
beau morceau?

— Lui-même... surpassa la gloire de Lulli et composa une foule d'airs, *cantates*, *motets*, *opéras*, dans
lesquels il révéla un génie supérieur et qui sont justement admirés de nos jours.

Rameau a découvert et enseigné les lois de l'harmonie musicale et peut être considéré comme l'un des
plus grands musiciens de tous les pays.

Quand il mourut, en 1764, la musique était devenue
un *art national*.

Une troupe de chanteurs italiens, venus à Paris en

1752, avait excité l'émulation des nôtres, et fait progresser l'art du chant. Nous possédions déjà d'excellents joueurs d'instruments. Nos compositeurs se signalèrent à leur tour et cultivèrent avec un égal succès le *grand opéra* et l'*opéra comique*.

— Que signifient ces deux mots?

— On appelle *grand opéra* une pièce de théâtre dont toutes les paroles sont chantées, et *opéra comique* une pièce où des scènes où l'on chante alternent avec des scènes où l'on parle.

L'*opéra* avait précédé l'*opéra-comique* ; mais, dès la fin du XVIII° siècle, *Dalayrac, Monsigny, Grétry* composèrent de charmants *opéras-comiques*. L'opéra eut pour principal représentant le célèbre *Gluck*, né en Allemagne, mais qui s'était fixé en France, et dont la plupart des belles œuvres, *Iphigénie en Aulide, Armide*, furent composées dans notre pays.

Pendant la Révolution, la musique reçut un élan considérable. Dans les nombreuses fêtes populaires qui signalèrent cette époque elle avait le principal rôle, et les compositeurs en renom étaient appelés à écrire tout exprès pour ces fêtes des airs et des chants patriotiques.

C'est alors que *Méhul*, élève de Gluck, l'auteur de *Joseph* et du *Jeune Henri*, composa son célèbre *Chant du Départ*, qui est dans toutes les mémoires; que *Rouget de Lille* chanta la *Marseillaise*, hymne admirable devenu le chant national de la France

Pour le XIX° siècle, chacun sait quelles belles œuvres musicales il a produites, et de quels noms illustres est faite la liste de nos compositeurs.

C'est *Boïeldieu*, dont la *Dame Blanche* est si connue; c'est *Rossini*, né en Italie, mais Français d'adoption dont on chante partout *Guillaume Tell*, le *Barbier de Séville* et tant d'autres charmantes œuvres; c'est *Hérold*, l'auteur de *Zampa* et du *Pré aux Clercs*; *Auber*, qui a écrit la *Muette, Fra Diavolo*, le *Domino noir* et une foule d'œuvres populaires; *Adol-*

phe Adam, à qui l'on doit *le Chalet*; *Halévy*, l'auteur de la *Juive*; c'est surtout *Meyerbeer*, Allemand d'origine, mais qui a écrit pour la France ses admirables opéras, les *Huguenots*, *Robert le Diable*, *l'Africaine*; et enfin notre ami *Berlioz*, mort en 1869, l'un des plus grands musiciens du siècle, n'est-ce pas, Rustique?

— Oui, mon ami, bien qu'il ne soit arrivé à la gloire que depuis sa mort, et que ses belles œuvres, la *Damnation de Faust*, *l'Enfance du Christ*, *Roméo et Juliette* ne soient appréciées que depuis peu d'années.

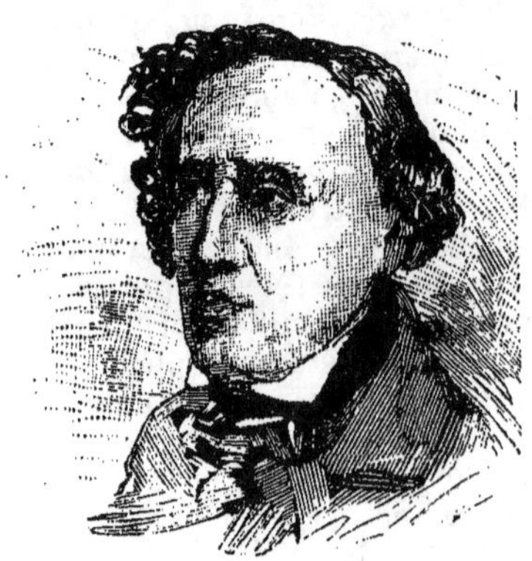
Meyerbeer.

Voilà, mes enfants, le résumé de l'histoire de la musique dans notre pays; voilà, sans y comprendre les vivants, les noms des hommes illustres qui ont glorieusement représenté chez nous ce bel art, le plus émouvant, le plus puissant de tous; celui qui a le plus d'action sur l'âme humaine et qui éveille en nos âmes le plus de sensations vives, soit qu'il veuille exalter les sentiments généreux, soit qu'il cherche à calmer les douleurs; le seul qui fasse couler les larmes, et qui sache aussi enflammer les cœurs. En vérité, la musique est le premier des arts!

— Clédesol, tu vas trop loin! s'écria Rustique, qui connaissait l'enthousiasme de son vieil ami, mais que cette préférence semblait choquer. Crois-tu donc que la peinture et les autres arts du dessin ne vaillent **pas la musique?**

— Et comment la vaudraient-ils? répondit Clédesol d'une voix tonnante. Possèdent-ils les mêmes moyens de se répandre partout et de frapper partout les imaginations ?

Une œuvre musicale peut être entendue à la fois par 2,000 personnes ; je te défie bien d'en placer devant un tableau vingt seulement qui puissent le voir.

— C'est possible ; mais, une fois ton morceau joué et les instruments dans leur étui, qu'en reste-t-il ? Plus rien ! Et pour que l'émotion qu'il a produite une fois se renouvelle, il faudra encore réunir la même troupe d'instrumentistes et de chanteurs, dont il ne peut se passer. La musique est, de plus, l'esclave de celui qui la joue. Tant mieux si le musicien est bon, car la musique sera bonne ; mais, s'il est mauvais, tant pis, la musique sera mauvaise.

Et tu mets un art aussi délicat, aussi fragile, aussi fugitif, au-dessus de la peinture, de la sculpture, de l'architecture, dont les œuvres, une fois faites, demeurent éternellement sans perdre jamais rien de leur beauté. Allons ! allons ! Clédesol, tu perds l'esprit, mon vieux camarade.

— Vraiment ! je perds l'esprit ! Et les œuvres dont tu parles sont éternelles !

Mais, étourdi que tu es, tu ne songes pas qu'une allumette suffit à détruire pour jamais le plus beau tableau ; qu'une chute brise la plus merveilleuse statue, et qu'une fois ces œuvres d'art disparues, il est aussi impossible de les refaire que d'aller prendre la lune avec ses dents.

La musique seule est vraiment éternelle ; écrit sur de simples feuilles de papier, le même morceau se répand dans des milliers d'endroits, défiant ainsi toute chance de destruction. Il est toujours à la disposition de tous ; pour le jouer, il suffit d'un instrument, et chacun a toujours à sa portée le plus beau et le moins encombrant de tous, c'est à dire la voix que la nature nous donne.

— Qu'importe tout cela? Il est bien certain que la peinture, la sculpture et les arts de la forme ont donné plus de gloire à la France que la musique. Nos palais, nos promenades, nos musées sont pleins des merveilles de l'art; et quand les étrangers viennent chez nous, c'est par leurs yeux et non par leurs oreilles qu'ils nous jugent.

— Je ne nie pas cette gloire et j'en suis fier, mais je suis fier aussi pour la musique de savoir que la plus simple de ses manifestations, la *chanson*, par exemple, suffit à faire pénétrer dans tous les cœurs les sentiments les plus variés, les plus touchants comme les plus nobles.

Crois-tu que les *chansons de Béranger* n'ont pas su porter dans la plus humble chaumière le souvenir des glorieux jours de notre histoire, et n'ont pas appris à tous combien la France fut grande, tout en faisant pleurer sur ses malheurs?

Et Clédesol, plein d'enthousiasme, entonna la chanson célèbre :

Reine du monde, ô France, ô ma patrie!...

Quand il eut fini, Rustique, tout ému, répondit :

— Oui, tu as raison, Clédesol, la musique sait trouver de nobles accents pour évoquer en nous les sentiments les plus forts et les plus élevés; seulement, dans la belle chanson que tu nous as chantée, elle n'en a pas toute seule le mérite, et les paroles du poète y font plus de la moitié de la besogne.

Mais sois certain que la peinture et la sculpture ne restent pas en arrière et qu'elles savent aussi nous parler un langage réconfortant. J'aurais bien des exemples à te citer; je n'en choisirai qu'un en te demandant si le bas-relief que Rude a sculpté sur l'arc de triomphe de l'Étoile, et qu'on appelle le *Chant du Départ*, n'est pas capable de communiquer à nos cœurs toute l'ardeur qu'il respire, et s'il ne fait pas passer un frisson patriotique dans les veines de tout Français qui le regarde?

— Oui, Rustique, à voir cette figure de la Patrie qui brandit son épée et qui semble crier : Aux armes! on sent naître en son cœur l'enthousiasme des temps glorieux.

Clédesol s'arrêta sur ces mots, et, à son tour, Madeleine prit la parole :

— Mon cher mari, dit-elle, et vous, mon bon Clédesol, voilà, je l'espère, votre querelle vidée, et si vous voulez m'en laisser tirer la moralité, je vous dirai qu'elle prouve une seule chose : c'est qu'il y a vanité à prétendre assigner aux arts des places inégales en mettant celui-ci plus haut que celui-là. Pour moi, je vois que tous les arts sont également admirables et utiles, que tous servent à élever les cœurs des hommes, qu'ils rendent meilleurs, plus civilisés et plus heureux, et j'en conclus qu'il faut s'appliquer à développer de tout son pouvoir l'amour et la culture des arts qui rendent la patrie grande, glorieuse et admirée.

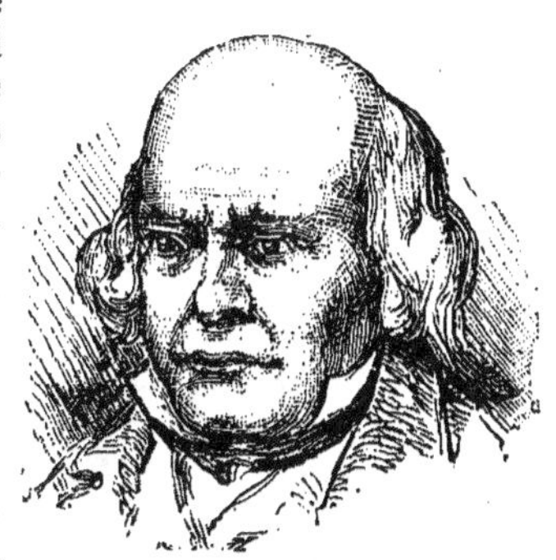

Béranger.

— Bravo! s'écrièrent à la fois les deux amis; voilà qui est parlé comme il faut!

— Il faut avouer que nous sommes de grands fous, ajouta Clédesol, et que nous avons bien discuté pour rien....

— Car, au fond, nous sommes du même avis, n'est-ce pas?

— Pardi! Mais je m'aperçois qu'en fait *d'arts*, nous

sommes en train d'en oublier un dont j'apprécierais assez les œuvres en ce moment.

— Lequel?

— L'art de la cuisine! Il est grand temps d'y songer.

Un éclat de rire général répondit à cette boutade; on se leva promptement, et l'on reprit avec une joie non dissimulée le chemin de la maison.

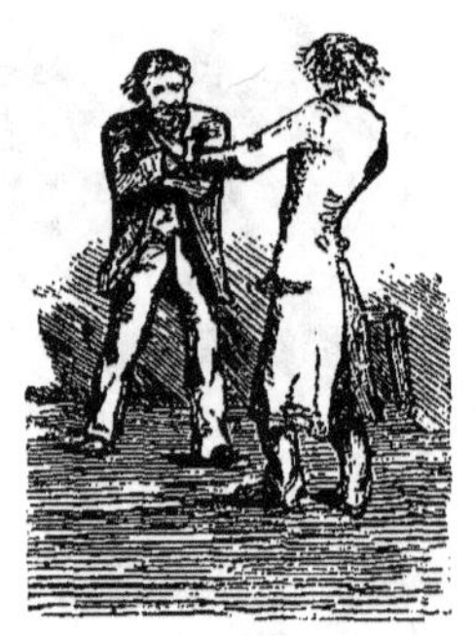

CHAPITRE X

Voyage à Paris. — Les musées. — L'Opéra.
— Les concerts populaires. — Le Conservatoire et l'École des beaux-arts. —
Conclusion.

Clédesol ne voulait tout d'abord rester que quelques jours avec son ami, mais sa présence était si agréable à tous et on le lui démontra avec tant d'éloquence qu'il dut prolonger son séjour au-delà de deux semaines.

Ce temps fut d'ailleurs largement mis à profit, et les journées s'écoulèrent comme par enchantement. Paul jouait assidûment du pinceau; André recevait de Clédesol les premières leçons de musique, et montrait une telle ardeur et une telle intelligence qu'il émerveillait le vieil artiste.

— Ce petit garçon ira loin, répétait-il avec orgueil.

Aux leçons de la journée succédaient les entretiens familiers du soir, dont les beaux-arts faisaient tous les frais. On lisait la vie des grands artistes, on vantait leur travail et leur courage, et parfois Rustique, « pour éclairer la conversation », tirait de ses cartons quelque belle gravure du tableau dont il avait parlé, de la statue qu'il avait décrite, ou bien Clédesol, entraîné par ses souvenirs, et voulant donner une idée de la *symphonie* ou de l'*opéra* qu'il avait cités, prenait son violon et s'abandonnait au plaisir de faire revivre sous l'archet les grandes œuvres dont sa seule parole était impuissante à dépeindre les beautés.

C'étaient de bonnes soirées, qui finissaient toujours trop tôt et dont chacun eût voulu prolonger la durée.

Mais le jour vint où, en dépit de son bon vouloir, Clédesol dut songer au départ. Quand ce fut chose décidée et qu'on fut bien sûr qu'il faudrait se dire adieu le lendemain, Rustique prit la parole :

— Eh bien! mon vieux Clédesol, puisque tu t'en vas, nous te reconduirons jusqu'à Paris.

— Rustique, répondit Clédesol, tu as là une fameuse idée. Me voici tout à fait heureux, et je ne suis pas le seul, n'est-ce pas, mes enfants?

— Oh! non, monsieur Clédesol. Quel bonheur de voir Paris!

Et, sur ce mot, les enfants, entraînés par la joie, se sauvèrent dans le jardin en gambadant d'une façon si folle que Clédesol et son ami ne purent se retenir de rire.

Le lendemain, on prit le chemin de fer.

Tout le long du chemin, Clédesol ne cessait de vanter aux enfants, à grand renfort d'adjectifs, les splendeurs qui devaient s'offrir à leurs yeux, tandis que Rustique s'évertuait à leur recommander la prudence.

— Vous verrez d'abord, disait l'un, la place de la Bastille, avec la colonne de **bronze** qui la décore. Située dans un quartier populeux, cette place, toujours pleine de monde, sillonnée par les voitures, les omnibus, les tramways, présente un coup d'œil des plus animés.

— Mais, tout en regardant, disait l'autre, vous prendrez garde à vous? A Paris, il faut voir la ville d'un œil et garder l'autre pour faire attention à soi.

Au moment où on s'y attend le moins, une oiture vous arrive sur le dos ; les étourdis se jettent de côté, sans précaution et tombent sous un omnibus ou un tramway qui les écrase...

—Ensuite, nous descendrons le faubourg St-Antoine, la rue de Rivoli ; nous verrons l'Hôtel de Ville, ou plutôt nous ne le verrons pas, puisqu'il a été brûlé en 1871, pendant la Commune.

— Mais on le rebâtit, et ce sera le moment de faire attention aux grosses voitures de pierre et aux poutres qu'on transporte et qui peuvent vous heurter violemment...

L'effet de ces discours différents était infaillible. Ainsi ballottés entre l'admiration et la terreur, Paul et André se trouvèrent, à l'arrivée, complètement ahuris ; dans le tourbillonnement des voitures et des passants, dans le bruit de la rue, ils avaient tout de suite perdu la tête et marchaient machinalement devant eux, regardant sans voir, les oreilles pleines des rumeurs de la grande ville.

Ils ne commencèrent à reprendre leurs esprits qu'après le déjeuner, lorsque Rustique les eut fait monter sur le haut d'un omnibus qui suivait la ligne des boulevards et qu'ils purent ainsi contempler sans fatigue l'aspect animé et brillant des plus beaux quartiers de la ville. A la vue de ces magnifiques magasins qui présentent aux yeux toutes les richesses de la civilisation, ici des bijoux opulents, là des étoffes luxueuses ou des meubles de prix, plus loin des statues de bronze, des tableaux, des gravures et toutes sortes d'œuvres d'art, les enfants s'expliquèrent la célébrité universelle de cette grande ville renommée dans le monde entier comme la plus brillante des ca[ ]ales et la plus attachée aux choses de l'art.

Quand ils eu ent achevé leur promenade et que l'omnibus les eut déposés au pied de l'église de la *Madeleine*, remarquable par la belle colonnade qui l'entoure, Paul et André étaient tout à fait remis de leur émotion du début et se déclaraient prêts à aller voir tout ce que voudraient leur montrer leurs guides.

— Il me semble que je deviens déjà Parisien, disait Paul avec une nuance de gloriole.

— Et moi je ferais le pari de traverser déjà la rue sans me jeter sous les voitures, ajouta fièrement André.

— Essaye un peu pour voir, répondit Rustique d'un air bonhomme.

André jeta un regard de côté, mais ne releva pas l'invitation et fit semblant d'être très occupé à admirer quelque chose.

La fin du premier jour et les deux jours qui suivirent se passèrent à courir dans les principaux quartiers, à la recherche des monuments célèbres. On vit les *Champs-Elysées*, la *place de la Concorde*, au milieu de laquelle se dresse l'*obélisque* rapporté d'Egypte et qu'entourent les statues des grandes villes de France; l'*Arc de Triomphe de l'Etoile*, où Paul reconnut le bas-relief de Rude dont Rustique parlait quelques jours plus tôt avec tant de chaleur et qui lui parut digne d'une telle admiration; le *Palais-Bourbon*, où les députés de la France tiennent leurs séances, et combien d'autres monuments encore? l'*Hôtel des Invalides*, et le *Panthéon*, dont les dômes imposants s'élèvent à une grande hauteur en dominant toute la ville; le *Palais de Justice*, la *Sainte Chapelle*, la *Fontaine des Innocents*, où les enfants reconnurent les sculptures de *Jean Goujon*, dont ils avaient vu la reproduction en gravure. Bref, ils ne perdirent pas une minute, et en moins de trois jours ils eurent vu la plus grande partie des monuments si divers qui font de Paris une ville sans rivale, que les siècles ont vus s'édifier lentement au gré des besoins de chaque époque et qui restent pour nous les précieuses reliques des travaux et des idées de nos pères.

Dans cette revue rapide, Paul et André apprirent

à regarder utilement, de manière à bien comprendre l'importance et le sens des choses qu'ils voyaient. Rustique leur répétait sans cesse qu'il valait mieux encore n'avoir rien vu que d'avoir regardé étourdiment les choses, comme font trop de voyageurs dont les yeux sont distraits et dont la mémoire ne peut conserver aucun souvenir profitable.

Ce qu'ils avaient vu n'était pourtant qu'une partie de

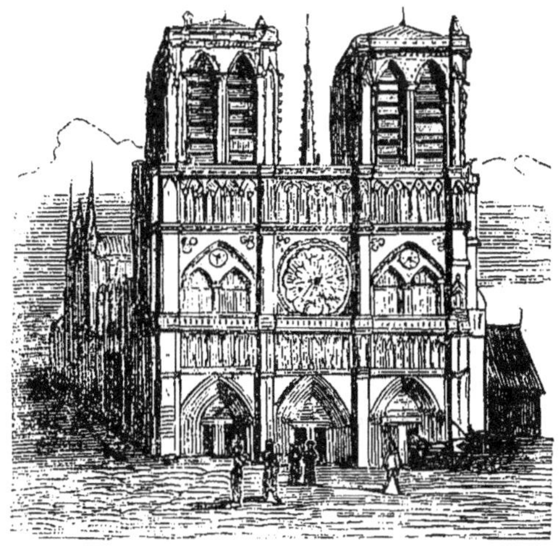

Notre-Dame de Paris.

ce qui leur restait à connaître, car Rustique avait voulu qu'ils s'habituassent à savoir regarder avant de les conduire vers les précieux monuments où l'on conserve les grandes œuvres d'art de tous les temps et de tous les pays, et qu'on appelle les *Musées*.

Le quatrième jour seulement, il leur dit en entrant le matin dans leur chambre ·

— Aujourd'hui, mes amis, je vous conduirai au *Musée du Louvre*, qui est le principal musée de Paris, et l'un des plus riches du monde entier. Allons vite déjeuner, car le musée est fermé à 5 heures, et nous n'aurons pas trop de toute notre après-midi pour le visiter.

Les enfants ne se firent pas prier et, moins d'une heure après, nos quatre voyageurs se mettaient en route par les quais, passaient devant le *palais de l'Institut*, où se réunissent les cinq *Académies*, franchissaient le *pont des Arts*, et entraient au Louvre. Chemin faisant, Rustique raconta l'histoire de ce beau palais, qui, depuis qu'on l'a relié au palais des Tuileries, forme un des plus imposants monuments que l'on puisse voir.

Il expliqua qu'autrefois, à la place du Louvre, il y avait une forêt fréquentée par les *loups*, et que telle est l'origine de son nom ; que sous Charles V, c'était un château fort défendu par de grosses tours, dont l'une renferma la première bibliothèque formée en France ; que peu à peu des constructions moins grossières s'élevèrent sur la place du château primitif et que, sous les Valois et les Bourbons, les architectes français et italiens rivalisèrent de talent pour en faire un magnifique palais auquel les siècles suivants ajoutèrent sans cesse de nouvelles splendeurs.

— La colonnade que vous voyez, dit-il en leur montrant la façade de l'Est, est due à un Français, *Charles Perrault*, qui avait abandonné la médecine pour se livrer à l'architecture. Elle date du règne de Louis XIV, et sa célébrité devint rapidement universelle.

Le Louvre doit beaucoup au grand ministre *Colbert*, qui fit tous ses efforts pour décider Louis XIV à venir l'habiter. Mais le roi ne s'y plut jamais et le délaissa pour *Versailles*, où il fit bâtir à grands frais un palais que je vous ferai visiter à notre prochain voyage.

Aujourd'hui, tout cet immense Louvre, aussi beau

à l'intérieur qu'au dehors, est rempli de tableaux, de statues et de toutes sortes d'œuvres d'art du plus grand prix. Mais entrons. Nous en jugerons par nous-mêmes

Bien entendu, les enfants ne purent examiner de près chacun des deux mille tableaux et des vingt mille dessins que renferme le Louvre, et durent se contenter de voir les œuvres les plus célèbres, dont Rustique leur expliquait les qualités.

Ils retrouvèrent là des noms qu'ils connaissaient, Jean Cousin, Jean Goujon, Poussin, Puget, David, Delacroix, et purent admirer les tableaux de ces grands Italiens de la Renaissance que Rustique leur avait si fort vantés : Raphaël, Corrège, Véronèse, Léonard de Vinci.

Dans les salles consacrées à la sculpture, ils virent nombre de statues sorties de la main des artistes grecs et religieusement conservées pour l'admiration et l'enseignement de la postérité. Ils comprirent à cette vue combien les Grecs furent de grands artistes, et apprécièrent mieux les efforts que les modernes eurent à faire pour arriver à produire à leur tour des ouvrages comparables à ceux des anciens. La *Vénus de Milo* excita leur enthousiasme, et Paul la trouva bien plus belle encore que la petite copie qu'il en avait. La *Diane* de *Jean Goujon*, le *Milon* de *Puget*, les admirables œuvres de *Rude* et de *David d'Angers*, grand sculpteur qu'il ne faut pas confondre avec le grand peintre *Louis David*, mirent le comble à leur admiration.

Après la sculpture et la peinture, il fallut voir les bijoux, les armes ciselées, les assiettes émaillées et les objets d'orfèvrerie qui garnissent la *galerie d'Apollon,* et où la matière précieuse employée est encore vaincue par l'art.

Paul et André sortirent éblouis.

— Oh! mon cousin, c'est bien plus beau qu'à Fontainebleau!

— Quoi d'étonnant ? Fontainebleau est l'ouvrage d'une seule époque, mais ici toutes les époques, tous les pays sont représentés par les œuvres les plus belles qu'ils aient produites ; le Louvre est un véritable trésor de l'art, et nulle part vous ne verrez rien de supérieur.

— Le Louvre ne renferme que les œuvres d'artistes morts, n'est-ce pas ? demanda Paul.

— Oui, mon enfant ; quant aux beaux ouvrages des artistes vivants, ils sont au *Luxembourg*, un musée spécial que nous irons visiter demain.

Sans être aussi intéressante que la promenade au Louvre, la visite au Luxembourg n'en offrit pas moins un puissant attrait pour les enfants et pour Paul en particulier, dont elle excitait peut-être secrètement l'émulation. Pourquoi donc, lui aussi, ne verrait-il pas un jour quelque œuvre de lui rayonner dans ces galeries ? Il avait un si ardent désir d'être peintre ! Il travaillerait avec tant de courage !

Rustique n'y avait-il pas les deux beaux tableaux qui se trouvaient là devant eux, et où Paul reconnaissait avec émotion des coins de forêt qui lui étaient familiers et qu'il s'était souvent efforcé de représenter avec son crayon ?

C'est sur ces impressions que finit la visite au Luxembourg et, au retour, Paul, silencieux, se rappelant l'anecdote que lui avait contée Rustique dans le jardin de Fontainebleau, n'était pas loin de se dire à son tour : Et moi aussi je serai peintre !

Les jours suivants, les voyageurs visitèrent le *musée de Cluny*, établi dans le palais de Cluny, monument du xve siècle, et dans le *Palais des Thermes*, vieille construction romaine, la plus ancienne de Paris, puisqu'elle fut élevée par l'empereur Constance-Chlore, au commencement du ive siècle de notre ère.

Tous les arts du moyen âge y sont représentés par des objets de la plus grande valeur : ivoires sculptés, manuscrits précieux, étoffes et dentelles de la plus grande richesse, vieux meubles finement ciselés ou délicatement peints, armes élégantes, travaillées comme des œuvres d'art, bijoux de toutes sortes, aussi précieux par leur valeur artistique que par l'intérêt historique qui s'y attache.

— Mon Dieu! s'écriait Paul, que de belles choses renferme ce Paris, et comme je comprends maintenant l'empressement des étrangers à venir le voir!

— Tu n'as vu pourtant qu'une partie des richesses artistiques qu'il contient. En outre du Louvre, du Luxembourg et de Cluny, on compte à Paris beaucoup de musées; il n'est presque pas un monument public qui ne renferme quelque belle œuvre d'art, et beaucoup de collections particulières égalent en richesses bien des musées; en outre, les places publiques et les jardins sont décorés d'une foule de sculptures remarquables. A chacun de vos voyages à Paris, vous aurez quelques beautés nouvelles à découvrir et à connaître.

— De quelle manière ont été formés tous ces beaux musées?

— Ils n'ont pas tous la même origine. Le plus ancien et le plus beau, le musée du Louvre, a été ouvert le 10 août 1793.

— Pendant la Révolution....

— Et au plus fort de la Terreur, ce qui prouve que les hommes de la Révolution savaient, malgré les troubles de l'époque, ne pas négliger ce qui pouvait aider à la culture intellectuelle du peuple.

C'est la *Convention nationale* [1] qui ordonna de rassembler au Louvre tous les tableaux qui ornaient les palais royaux et fonda ainsi cet admirable musée qui n'a cessé de s'accroître depuis lors.

Les peintures dont il s'enrichit chaque année sont toujours choisies avec le plus grand soin parmi les chefs-d'œuvre sortis des collections particulières.

— Ils doivent coûter très cher?

1. Voir la *Révolution française*, par Dolplan.

— Presque tous les tableaux qui entrent aujourd'hui au Louvre sont achetés à un haut prix; on peut citer à ce propos le tableau du peintre espagnol *Murillo*, appelé l'*Assomption* et qui a été payé 600,000 francs par l'Etat.

— Oh! mais alors tous ces tableaux réunis doivent valoir une somme incalculable.

— Assurément, et cela doit vous faire comprendre l'effroi qui s'est emparé de toute la France quand on a appris, en mai 1871, à la fin de la Commune, que le Louvre était en partie brûlé. Heureusement, les dégâts étaient peu importants et n'avaient atteint que la bibliothèque.

— D'où viennent les œuvres d'art du musée du Luxembourg?

— C'est encore l'État qui les achète. Elles sont choisies, chaque année, par une commission d'hommes éclairés et d'artistes, parmi les meilleurs ouvrages qui ont figuré au Salon.

— Qu'est-ce que le *Salon?*

— C'est une exposition de peinture et de sculpture qui s'ouvre tous les ans à Paris, et à laquelle tous les artistes français et beaucoup d'étrangers envoient les œuvres qu'ils ont faites dans l'année, pour que le public puisse les juger.

— Voilà une très bonne idée, et j'aurais un grand désir de voir ce salon.

— Ce sera pour l'année prochaine, petit, car il est fermé depuis la fin de juin.

— Pressons-nous un peu, interrompit à ce moment Clédesol, car je voudrais passer par *l'Opéra*, dont vous admirerez l'architecture pendant que je prendrai nos billets pour ce soir.

— Nos billets? interrogea André d'une voix émue.

— Eh bien, oui, nos billets, répliqua Clédesol d'un air bourru. Est-ce que tu crois par hasard, clampin, que je passerai par Paris sans aller à l'Opéra, surtout

quand on joue l'*Africaine?* Tu peux m'en croire, tu
ne perdras pas ta soirée.

— Je le crois bien, monsieur Clédesol, seulement
il paraît qu'on paie si cher, pour entendre cette
belle musique!...

— Nous prendrons les places les moins coûteuses,
et nous entendrons aussi bien qu'aux autres. On peut
d'ailleurs faire un petit sacrifice pour voir un chef-
d'œuvre, car le spectacle des belles choses élève l'âme

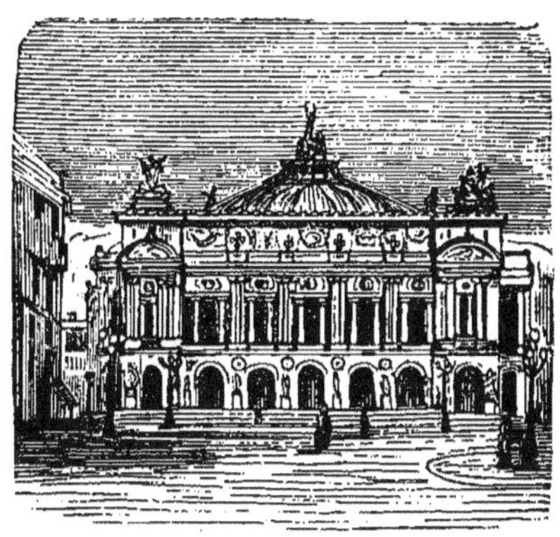

L'Opéra.

et vivifie l'intelligence. Ainsi donc, gamins, ouvrez
vos oreilles et pas d'observations!

Le soir, les enfants étaient émus déjà quand ils pénétrèrent dans la splendide salle du grand Opéra, décorée de dorures, de sculptures et de tableaux, remplie
d'une foule polie et attentive.

Mais ils se sentirent remués jusqu'au fond de l'âme
quand le rideau se leva et que la pièce eut commencé.
Ah! c'était bien autre chose que les *duos* de Clédesol
et de Rustique. Cette musique grandiose, que jouaient

tant d'instruments si parfaits, que chantaient des voix si pures et si sonores, leur causait un ravissement inexprimable. Immobiles, les yeux tendus vers la scène, ils écoutaient avec une attention extraordinaire, et quand le rideau tomba sur la dernière note, il fallut les prendre par le bras pour les sortir de leur étourdissement.

— Merci, monsieur Clédesol, dit André en sortant, merci! que vous êtes bon de m'avoir amené ici!

— Je suis bon! je suis bon! tu exagères, galopin! Ce que je fais est tout naturel. Tu aimes la musique et je t'en fais entendre, voilà tout !

— Les Parisiens sont bien heureux d'aller à l'Opéra, s'écria Paul.

— Ah çà! crois-tu donc qu'ils y aillent tous les jours?

— Oh! non, monsieur, mais c'est déjà bien agréable d'entendre une pareille musique de temps à autre. Je m'en contenterais très-bien.

— Clédesol pourra te dire le moyen d'en entendre souvent sans trop de frais, quand tu habiteras Paris, Il n'y a pas que l'Opéra où l'on joue de belle musique.

— Eh! c'est ce que j'allais dire . Il y a les concerts populaires, fondés par M. Pasdeloup, et où, pour ses vingt sous, on peut entendre, tous les dimanches d'hiver, les œuvres des grands maîtres, joués par des artistes excellents.

— Quelle bonne idée a eue ce M. Pasdeloup de fonder ces concerts! dit André.

— Si bonne, mon ami, que le gouvernement lui donne tous les ans une somme d'argent pour l'aider à en supporter les frais, et que plusieurs autres musiciens l'ont imité.

Ce goût de la belle musique se répand de jour en jour, et cela me comble de joie, car, en dépit de mon ami Rustique, je trouve que c'est un art bon et beau entre tous. Il réunit les hommes, leur inspire l'amour des choses élevées et les arrache aux plaisirs vulgaires.

Aucun art n'est meilleur pour la distraction et la culture du peuple, car il est relativement facile à apprendre. Avec du soin et quelques efforts, chacun peut arriver à jouer passablement d'un instrument et à chanter en mesure. Aussi, en attendant qu'on enseigne le chant dans toutes les écoles, voyons-nous se fonder partout des sociétés musicales, des *orphéons* populaires, et je voudrais vivre assez longtemps pour voir se former un de ces orphéons dans chaque village de France !

— Clédesol, répondit Rustique, je pense tout à fait comme toi, et, bien que tu aies encore placé à tort la musique au-dessus des autres arts, je voudrais, comme toi, voir le goût s'en répandre partout dans le peuple. Seulement, je voudrais aussi qu'on ne s'en tînt pas à la musique, car les arts ne doivent pas être seulement une jouissance pour les riches, il faut qu'ils servent à l'enseignement et à l'éducation de tous ; il faut qu'ils maintiennent chez nos ouvriers français le bon goût qui les a jusqu'ici placés au-dessus des ouvriers étrangers et qui fait rechercher leurs ouvrages dans le monde entier. Il ne faut pas que jamais les Français deviennent moins habiles et moins ingénieux que leurs voisins, et le moyen pour nous de garder la première place, c'est de répandre et de développer le goût des beaux-arts dans toutes les classes de la société ; puisque tu as formé un souhait, je dirai à mon tour que je vous voudrais vivre assez longtemps pour voir le moment où un Français qui n'aimera pas les arts et n'aura pas le sentiment, de ce qui est beau pourra être cité comme une exception.

— Restons sur ce souhait, que j'approuve, mon brave Rustique, et disons-nous bonsoir, car nous sommes à notre porte, et tu sais que je pars demain.

Le lendemain matin, Clédesol entra comme un coup de vent dans la chambre des enfants ; il portait deux grandes boîtes soigneusement ficelées, dont l'aspect fit instinctivement battre les cœurs de Paul et d'André.

Clédesol posa les deux boîtes sur une chaise, s assit et dit :

— Mes amis, comme je vais vous quitter pour long-temps peut-être, je ne veux pas partir sans vous dire que je suis tout à fait content de vous avoir connus. Vous manifestez l'un et l'autre des goûts élevés, vous travaillez avec ardeur et vous cherchez toujours à vous instruire; cela est très-bien et j'espère que vos efforts seront récompensés. Pour moi, comme je voudrais vous apporter un peu d'aide dans la mesure de mes moyens, j'ai pensé aux outils et...

Clédesol alla prendre les deux boîtes :

— ...Voici le cadeau que je vous laisse à chacun. Puisse-t-il vous engager à redoubler d'efforts et, en vous rappelant le vieil ami qui ne vous oubliera pas, servir à vous amener jusqu'où je veux vous voir: toi, Paul, *à l'École des beaux-arts*, et toi, mon petit André, au *Conservatoire*.

Les deux enfants ouvrirent les boîtes, dont l'une contenait un joli violon et dont l'autre était une boîte à couleurs bien complète; puis ils se jetèrent dans les bras du bon Clédesol, en pleurant à la fois de joie et de regret, et l'assurèrent de leur éternelle reconnaissance et de leur volonté bien arrêtée de lui faire honneur.

Deux heures plus tard, Clédesol partait par la gare de l'Est pour retourner dans sa petite ville, tandis que Rustique et les enfants, un peu tristes et la tête basse, se dirigeaient à pas lents vers la gare de Lyon, où les attendaient déjà leurs bagages.

— Qu'a donc voulu dire M. Clédesol? demanda Paul pendant le trajet, quand il nous a souhaité d'arriver, moi à l'Ecole des beaux-arts et André au Conservatoire?

— Tu te l'expliqueras aisément quand je t'aurai dit que ce sont les deux établissements où se donne l enseignement supérieur des diverses branches de l'art? L'Ecole des beaux-arts, établie à Paris, reçoit les jeunes gens qui se destinent à devenir peintres, sculpteurs ou architectes; des professeurs éminents, choisis parmi les membres de l'Académie des beaux-arts, y donnent l'enseignement, et des concours fréquents excitent l'émulation de tous les élèves et récompensent les efforts des plus méritants. Le plus célèbre de ces concours est celui du *Prix de Rome,* qui a lieu tous les ans et dont le lauréat est envoyé à Rome aux frais du gouvernement pour étudier de plus près les ouvrages des grands maîtres italiens. Quant au Conservatoire, c'est la grande école nationale d'enseignement supérieur pour toutes les branches de la musique et des arts du théâtre.

On y enseigne, de la manière la plus parfaite, à jouer de tous les instruments et à chanter; on y apprend aussi les principes de la composition musicale. Des concours y sont ouverts annuellement entre les élèves les plus forts, et les vainqueurs du concours de composition sont envoyés, comme les élèves des Beaux-Arts, à l'École de Rome, où ils perfectionnent leurs connaissances. Le *Conservatoire,* ainsi que l'École des beaux-arts, est pour la France une pépinière d'artistes distingués, dont plusieurs comptent au nombre des grands hommes de notre pays, et Clédesol vous a fait beaucoup d'honneur en ne désespérant pas de vous y voir un jour.

— Ah! s'il ne faut pour cela que du travail, soyez sûr, mon cousin, que nous y serons reçus tous les deux, répondirent les enfants avec énergie.

— Non, mes amis, le travail n'y suffit pas; il faut aussi la *vocation,* et c'est parce que j'ai cru voir cette vocation se manifester en vous que j'espère vous voir atteindre le but indiqué par Clédesol. Mais si jamais vous l'atteignez, dites-vous bien que vous serez parmi les privilégiés; car, s'il est donné à tout le monde de pouvoir goûter l'art et ses jouissances, il n'y a qu'un très petit nombre d'hommes qui puissent le pratiquer et créer des œuvres pour l'admiration d'autrui.

Ils étaient arrivés à la gare; Rustique prit les billets et le train partit, emmenant nos voyageurs, que la bonne Madeleine attendait impatiemment, toute prête à leur faire fête.

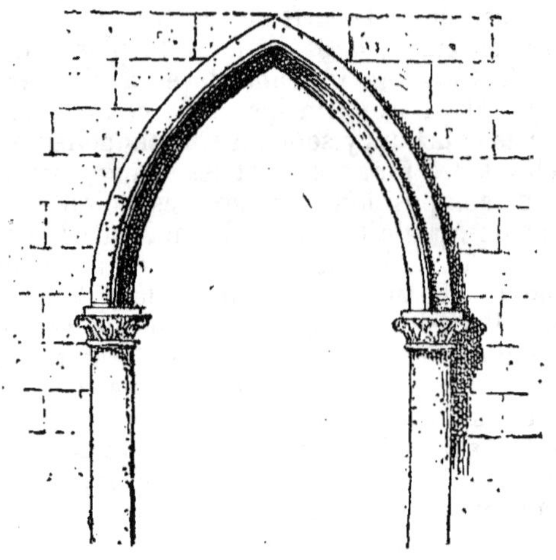

CONCLUSION

Aujourd'hui, André et Paul sont de grands garçons
de dix-huit et de vingt ans.

Grâce à leur volonté énergique, aux heureuses dispositions dont ils sont doués, grâce aussi aux soins
attentifs et aux bonnes leçons de Rustique, ils ont atteint le but auquel tendaient tous leurs vœux.

Paul est un bon élève de l'École des beaux-arts;
ses camarades lui prédisent le prix de Rome pour
cette année. André a eu au Conservatoire le premier
prix de violon, mais il ne se contente pas de ce succès. Il est entré dans une classe de composition et s'est
juré de gagner, là aussi, le prix du concours. Il dit
parfois à Paul, qui sourit :

— Va, va, je te retrouverai à Rome.

Et, se tournant vers Madeleine et Rustique, il ne
manque pas d'ajouter :

— Je veux dire que *nous* l'y retrouverons, car vous
ne me laisserez pas partir seul, n'est-ce pas?

FIN

TABLE DES MATIÈRES

CHAPITRE VI

CHAPITRE VII

CHAPITRE VIII

CHAPITRE IX

CHAPITRE X

Paris. — Imp. de la Soc. anon. de Publ. périod. — P. Mouillot. — 46176.

www.ingramcontent.com/pod-product-compliance
Lightning Source LLC
LaVergne TN
LVHW020533060726
842525LV00004B/1172